RELATOS DE CASAS EMBRUJADAS

Historias Basadas en Hechos Reales que Ocurrieron en Casas Malditas

SAENZ AGUILAR

© **Copyright 2021 – Saenz Aguilar - Todos los derechos reservados.**

Este documento está orientado a proporcionar información exacta y confiable con respecto al tema tratado. La publicación se vende con la idea de que el editor no tiene la obligación de prestar servicios oficialmente autorizados o de otro modo calificados. Si es necesario un consejo legal o profesional, se debe consultar con un individuo practicado en la profesión.

- Tomado de una Declaración de Principios que fue aceptada y aprobada por unanimidad por un Comité del Colegio de Abogados de Estados Unidos y un Comité de Editores y Asociaciones.

De ninguna manera es legal reproducir, duplicar o transmitir cualquier parte de este documento en forma electrónica o impresa.

La grabación de esta publicación está estrictamente prohibida y no se permite el almacenamiento de este documento a menos que cuente con el permiso por escrito del editor. Todos los derechos reservados.

La información provista en este documento es considerada veraz y coherente, en el sentido de que cualquier responsabilidad, en términos de falta de atención o de otro tipo, por el uso o abuso de cualquier política, proceso o dirección contenida en el mismo, es responsabilidad absoluta y exclusiva del lector receptor. Bajo ninguna circunstancia se responsabilizará legalmente al editor por cualquier reparación, daño o pérdida monetaria como consecuencia de la información contenida en este documento, ya sea directa o indirectamente.

Los autores respectivos poseen todos los derechos de autor que no pertenecen al editor.

La información contenida en este documento se ofrece únicamente con fines informativos, y es universal como tal. La presentación de la información se realiza sin contrato y sin ningún tipo de garantía endosada.

El uso de marcas comerciales en este documento carece de consentimiento, y la publicación de la marca comercial no tiene ni el permiso ni el respaldo del propietario de la misma.

Todas las marcas comerciales dentro de este libro se usan solo para fines de aclaración y pertenecen a sus propietarios, quienes no están relacionados con este documento.

Índice

Introducción	vii
1. Mansión Lemp	1
2. Casa de los asesinatos con hacha de Villisca	17
3. Mansión Pierce	25
4. Hotel Monte Vista	33
5. Hacienda Myrtles	41
6. Mansión familiar Liu	49
7. Mansión Los Feliz	53
8. Villa de Vecchi	63
9. Hotel Crescent	69
10. Casa Lizzie Borden	79
11. Hotel Queen Anne	89
12. Casa Whaley	99
13. Castillo de Leap	105
14. Castillo de la buena esperanza	111
15. Vicaría Encantada de Borgvattnet	119
16. Castillo Franklin	125
17. Casa Drish	135
18. Casa Winchester	141
19. The Grove	147
20. Mansión Summerwind	153
21. Mansión Gardette-LePrete	161
Conclusión	167

Introducción

Un lugar especialmente interesante para aquellos amantes de los fenómenos paranormales, son las casas embrujadas. Y no solo casas.. haciendas, mansiones, e incluso castillos han sido testigos de asesinatos, violencia, injusticia y corrupción, o, al contrario, han experimentado un nivel tal de amor que ha sido imposible para las personas que habitaron el lugar desprenderse de él. Eso es lo más interesante de las casas embrujadas, ¿qué habrá pasado que creó un vínculo tan grande entre un alma y el lugar en el que deambula por toda la eternidad?

En este libro viajaremos a través de diferentes lugares, como castillos en Irlanda, haciendas en Italia y mansiones a lo largo del mundo. Pero, más interesante que eso, conoceremos las historias de diferentes personajes, como excéntricos millonarios, familias unidas, exitosos empresarios, mujeres apasionadas y niños curiosos.

Introducción

Es imposible no sentirte atraído/a ante las historias de casas y lugares embrujados, ya que cada uno grita una historia imposible de ignorar. Entre estas páginas encontrarás hogares llenos de amor y sueños que, lamentablemente, terminaron en desgracia; pero también leerás sobre avaricia, misterio, maldad y suspenso.

Cualquiera que fuera la razón, es evidente que detrás de estos misterios, maldiciones y embrujos, existen asuntos sin resolver que atormentan a aquellos cuyo cuerpo ya no se encuentra, pero su espíritu aún permanece. ¿Habrá manera de ayudarles a encontrar paz?

No tengas miedo de adentrarte en estas historias, tanto, que puede incluso que te motives a visitar algunas de estas famosas casas y mansiones (algunas continúan abiertas al público y sus habitantes están listos para conocerte), pero ten mucho cuidado, ¡no vayas a ser el/la siguiente en habitar por el resto de la eternidad estos oscuros y misteriosos lugares!

1

Mansión Lemp

Se dice que es uno de los diez lugares más embrujados de Estados Unidos: la Mansión Lemp en St. Louis, Missouri, sigue siendo la anfitriona de la trágica historia de la familia Lemp. A lo largo de los años, la mansión se transformó de la casa señorial de una familia millonaria a un espacio de oficinas, después se convirtió en una pensión en ruinas y finalmente se restauró a su estado actual como un excelente teatro, restaurante y *bed and breakfast*.

La familia Lemp comenzó con Johann Adam Lemp, quien llegó a St. Louis desde Eschwege, Alemania en 1838. Al construir una pequeña tienda de comestibles en lo que ahora es Delmar y la Calle 6, vendía artículos domésticos comunes, comestibles y cerveza casera.

. . .

La cerveza clara tipo lager fue un cambio bien aceptado, contrario a las cervezas más oscuras que se vendían en ese momento. La receta, transmitida por su padre, fue tan popular que solo dos años después, abandonó la tienda de comestibles y construyó una pequeña fábrica de cerveza en 1840, en un punto cercano a donde se encuentra el Gateway Arch hoy.

Lemp vendió su cerveza por primera vez en un bar adjunto a la cervecería, y presentó a St. Louis su primera lager. Al poco tiempo, Lemp descubrió que la fábrica de cerveza era demasiado pequeña para manejar tanto la producción como el almacenamiento y encontró una cava de piedra caliza al sur de los límites de la ciudad. La cava, que estaba ubicada en la esquina actual de Cherokee y De Menil Place, se podía mantener fresca cortando hielo del cercano río Mississippi y depositándolo en el interior, proporcionando las condiciones perfectas para que el proceso de fabricación siguiera su curso.

Lemp's Western Brewing Co. continuó prosperando y en la década de 1850 era una de las más grandes de la ciudad.

En 1858, la cerveza obtuvo el primer lugar en la feria anual de St. Louis.

. . .

Millonario en el momento de su muerte, Adam Lemp murió el 25 de agosto de 1862, y su hijo, William, inició una importante expansión de la cervecería. Compró un área de cinco cuadras alrededor de la casa de almacenamiento en Cherokee, por encima de las cavas de procesamiento. En 1864, se completó una nueva planta en Cherokee Street y Carondolet Avenue. Continuamente expandiéndose para satisfacer la demanda de productos, la cervecería eventualmente cubrió cinco cuadras de la ciudad.

En la década de 1870, la familia Lemp simbolizaba tanto la riqueza como el poder, ya que la cervecería Lemp controlaba el mercado de la cerveza de St. Louis, una posición que mantuvo hasta la prohibición.

En 1868, Jacob Feickert, el suegro de William Lemp, construyó una casa a poca distancia de la cervecería. En 1876 William Lemp la compró para su familia, utilizándola como residencia y oficina auxiliar. Si bien la casa ya era impresionante, Lemp inmediatamente comenzó a renovar y expandir la casa de treinta y tres habitaciones hasta convertirla en un lugar de exhibición victoriano.

Desde la mansión, se construyó un túnel desde el sótano a través de las cavas y hasta la cervecería.

Cuando se dispuso de refrigeración mecánica, partes de la cava se convirtieron para otros fines, incluido un auditorio natural y un teatro. Este oasis subterráneo luego generaría una gran piscina de concreto, con agua caliente entubada desde la sala de ebullición de la cervecería y una bolera. En un momento, se podía acceder al teatro a través de una escalera de caracol desde Cherokee Street.

A mediados de la década de 1890, la fábrica de cerveza Lemp ganó presencia nacional después de presentar la popular cerveza "Falstaff", que todavía hoy es elaborada por otra empresa. *Lemp Western Brewery* fue la primera cervecera en establecer una distribución de costa a costa de su cerveza.

Al mismo tiempo que estaba construyendo su propio imperio empresarial, William Sr. también ayudó a *Pabst*, *Anheuser* y *Busche* a comenzar.

En medio de este éxito, la familia Lemp experimentó la primera de muchas tragedias cuando Frederick Lemp, el hijo favorito de William padre y heredero aparente, murió en 1901 a la edad de 28 años. Frederick, que nunca había gozado de muy buena salud, murió de una falla en el corazón.

. . .

El devastado William Lemp nunca volvió a ser el mismo, comenzando una lenta retirada de la vida pública, rara vez se le vio en público después de la muerte de su hijo. El 1 de enero de 1904, el amigo más cercano de William, Frederick Pabst, también murió, dejando a William indiferente a los detalles del funcionamiento de la cervecería. Aunque todavía llegaba a la oficina todos los días, estaba nervioso e inquieto. Su salud física y mental comenzó a decaer y el 13 de febrero de 1904 se pegó un tiro en la cabeza con un *Smith & Wesson* calibre .38.

En noviembre de 1904, William Lemp Jr. asumió el cargo de nuevo presidente de *William J. Lemp Brewing Company*. Al heredar el negocio familiar y una gran fortuna, él y su esposa, Lillian, comenzaron a gastar la herencia.

Llenando la casa de sirvientes, la pareja gastó enormes cantidades en carruajes, ropa y arte.

Lillian era una mujer hermosa que provenía ella misma de una familia adinerada. Ella y William Lemp Jr. se habían casado en 1899 y su primogénito, William J. Lemp III nació el 26 de septiembre de 1900. Al poco tiempo, Lillian se hizo conocida como la "Dama de la lavanda" debido a su afición por el color.

. . .

Además de su atuendo y accesorios de color lavanda, fue tan lejos como para hacer que el arnés de los caballos de su carruaje fuera de color lavanda.

Al principio, Will disfrutaba mostrando a su "esposa trofeo", pero Will era un mujeriego. Nacido con una "cuchara de plata en la boca", estaba acostumbrado a hacer y actuar a su antojo, así que cuando William comenzó a cansarse de su hermosa esposa, le exigió que pasara su tiempo comprando. Asignándole $1,000 al día, le dio un ultimátum, diciendo que si no los gastaba, la mujer no recibiría más.

Mientras tanto, Will estaba ocupado dirigiendo la cervecería durante el día y realizando todo tipo de actividades decadentes durante la noche. Llevando a cabo fastuosas fiestas en las cuevas debajo de la mansión, contrataba a numerosas prostitutas para el "entretenimiento" de sus amigos. Disfrutando de la piscina, la bolera y la cerveza que fluía libremente, los amigos que asistieron a estos lujosos eventos eran conocidos por disfrutar y llenarse de excesos.

Las travesuras de Will lo alcanzaron cuando engendró un hijo con una mujer que no era su esposa. Hoy, no hay documentación oficial de que existiera este niño.

Sin embargo, los rumores de que este chico estuvo escondido en el ático de la mansión durante toda su vida han prevalecido a lo largo de los años. Según el historiador de St. Louis, Joe Gibbons, cuando entrevistó a una ex niñera y un chofer que trabajaron en la mansión hace mucho tiempo, ambos verificaron que el niño sí existía y estaba alojado en el ático que también albergaba las habitaciones de los sirvientes.

El niño nació con el síndrome de Down y nació de las relaciones sexuales de Will con una de las muchas prostitutas o con alguna sirvienta de la mansión. Una vergüenza total para la familia, el niño fue escondido del mundo para disimular la "vergüenza" de Lemp. Conocido hoy como el "niño con cara de mono", esta alma desafortunada sigue mostrando su presencia en la Mansión Lemp.

Finalmente, William, Jr. se cansó de su "esposa trofeo" y solicitó el divorcio en 1908. Los procedimientos judiciales que rodearon el divorcio se convirtieron en un gran escándalo en St. Louis y los cuatro periódicos de St. Louis dedicaron una extensa cobertura de primera plana al desordenado asunto. El juicio se abrió en febrero de 1909 a multitudes que acudían en masa al palacio de justicia todos los días para presenciar el drama de historias de violencia, embriaguez, ateísmo y crueldad.

Prácticamente ignorando las actividades decadentes de William, Lillian casi perdió la custodia de William Lemp III, debido a una fotografía que se presentó en el juicio que la mostraba fumando un cigarrillo. Al final, conservó la custodia de su hijo, pero pronto se retiró del ojo público. La única vez que se la vio vistiendo algo que no fuera lavanda fue el último día de su proceso de divorcio, cuando apareció completamente vestida de negro ante el juez.

Con el divorcio, los problemas de Will apenas habían comenzado. En 1906, nueve de las grandes cervecerías del área de St. Louis se habían combinado para formar *Independent Breweries Company*, creando una feroz competencia a la que la cervecería Lemp nunca se había enfrentado. Ese mismo año, la madre de Will murió de cáncer el 16 de abril.

Aunque la fortuna de la cervecería disminuía continuamente, la Mansión Lemp fue completamente remodelada en 1911 y parcialmente convertida en oficinas para la cervecería. Al mismo tiempo, William permitió que los equipos de la empresa se deterioraran, sin mantenerse al tanto de las innovaciones de la industria. Para la Primera Guerra Mundial, la cervecería apenas se mantenía cojeando.

• • •

William pronto construyó una casa de campo en el río Meramec, a la que se retiró cada vez más y en 1915 se casó por segunda vez con Ellie Limberg, la hija viuda del fallecido cervecero de St. Louis, Casper Koehler.

Luego llegó la Prohibición en 1919. Los miembros individuales de la familia ya eran ricos, por lo que había pocos incentivos para mantener la cervecería a flote. Durante un tiempo, Will esperó que el Congreso derogara la Prohibición, pero finalmente se rindió y cerró la planta de Lemp sin previo aviso. Los trabajadores se enteraron del cierre cuando llegaron un día a trabajar y encontraron las puertas cerradas y los portones cerrados.

El 20 de marzo de 1920, Elsa Lemp Wright, la hermana de William, la heredera más rica de St. Louis, se pegó un tiro, al igual que su padre años antes. Se decía que Elsa estaba abatida por su inestable matrimonio.

Liquidando los activos de la planta y subastando los edificios, William, Jr. vendió el famoso logo de Lemp "Falstaff" al cervecero Joseph Griesedieck por $25,000 en 1922. Los edificios de la cervecería se vendieron a *International Shoe Co.* por $588,000, una pequeña fracción de su valor estimado de $7 millones en los años anteriores a la Ley Seca.

. . .

Después del final de la dinastía cervecera de Lemp, William Jr. cayó en una depresión. Actuando como su padre, se volvió cada vez más nervioso y errático, evitando la vida pública y a menudo quejándose de mala salud. El 29 de diciembre de 1922 William se pegó un tiro en el corazón con un revólver calibre .38, en el mismo edificio donde había muerto su padre dieciocho años antes.

William II se quitó la vida en el nivel principal de la mansión, justo dentro de la entrada a la izquierda. En el momento de su muerte, esta habitación le servía de oficina. Fue enterrado en el mausoleo familiar en el cementerio de Bellefontaine, en la cripta justo encima de su hermana Elsa.

Los hermanos de William, Charles y Edwin, habían dejado hace mucho tiempo el negocio familiar, por lo que con la partida de William Jr., parecía que el imperio de Lemp finalmente había terminado. Edwin había entrado en una vida de reclusión en su propiedad en Kirkwood, Missouri en 1911. Charles nunca había estado involucrado en la cervecería y había elegido trabajar en los campos bancario y de bienes raíces.

. . .

En 1943, ocurrió otra tragedia cuando William Lemp III murió de un ataque al corazón a la edad de cuarenta y dos años. Su hermano, Charles finalmente transformó la mansión en una residencia y vivió en la casa junto con dos sirvientes y el hijo ilegítimo de su hermano William.

Charles también se convirtió en una figura extraña a medida que envejecía, desarrollando un miedo mórbido a los gérmenes: su comportamiento obsesivo-compulsivo incluía usar guantes en todo momento para evitar las bacterias y lavarse las manos constantemente.

Fue durante este tiempo que el hijo ilegítimo de William, ahora de unos 30 años, murió en la mansión. Fue enterrado en la parcela del cementerio de Lemp con solo un pequeño marcador plano, con la palabra "Lemp".

Poco después de la muerte del niño cara de mono, Charles se convirtió en el cuarto miembro de la familia Lemp en suicidarse. Primero, le disparó a su amado Doberman Pinscher en el sótano de la mansión. Luego, subiendo las escaleras hacia su habitación en el segundo piso, se pegó un tiro.

. . .

Charles fue descubierto el 10 de mayo de 1949 por un miembro de su personal, todavía sosteniendo un revólver *Army Colt* calibre .38 en su mano derecha. Aunque el perro recibió un disparo en el sótano, lo encontraron a mitad de las escaleras.

De los Lemps, solo quedó Edwin Lemp, que durante mucho tiempo había evitado la vida que se había vuelto tan trágica para el resto de su familia. Era conocido como un hombre tranquilo y solitario que se había alejado del negocio cervecero en 1913 para vivir una vida pacífica en una finca apartada en Kirkwood, Missouri. Edwin falleció silenciosamente por causas naturales a los 90 años en 1970.

Según los últimos deseos de Edwin, su mayordomo quemó todas las pinturas que los Lemp habían coleccionado a lo largo de su vida, así como documentos y artefactos invaluables de la familia Lemp. Estas piezas irremplazables de la historia se desvanecieron en el humo de una hoguera encendida.

La línea de la familia Lemp se extinguió con él y el lugar de descanso de la familia ahora se puede encontrar en el hermoso cementerio de Bellefontaine.

· · ·

Después de la muerte de Charles Lemp, la mansión se vendió y se convirtió en una pensión. Junto con el vecindario cercano, el edificio comenzó a deteriorarse y comenzaron las historias inquietantes: los residentes se quejaron de golpes y pisadas fantasmales que se escuchaban en toda la casa. A medida que se difundieron estas historias, los inquilinos fueron difíciles de encontrar para la pensión y continuó disminuyendo a un estado casi de albergue.

Sin embargo, en 1975, la vieja mansión se salvó cuando Dick Pointer y su familia la compraron. Inmediatamente comenzaron a reformar el edificio, convirtiéndolo en restaurante y posada. Los trabajadores de la casa a menudo contaban historias de apariciones, sonidos extraños, herramientas que se desvanecían y la sensación de ser observados. Asustados por las apariciones, muchos dejarían el lugar de trabajo para nunca regresar.

Desde que abrió el restaurante, los miembros del personal han informado de varias experiencias extrañas. Una vez más, hay apariciones que luego se desvanecen rápidamente, las voces y los sonidos vienen de la nada, y los vasos a menudo se levantan de la barra volando por el aire por sí mismos.

. . .

En otras ocasiones, se dice que las puertas se cierran y cierran solas, las luces se encienden y apagan inexplicablemente por su propia voluntad, y el piano bar suena cuando no hay nadie cerca.

Se dice que el sitio está ocupado por varios miembros de la familia Lemp, y que hay tres áreas de la antigua mansión que tienen más actividad: la escalera, el ático y lo que el personal llama las "Puertas del Infierno" en el sótano.

Es esta área del sótano que solía ser la entrada a las cuevas que corren debajo de la mansión y la cervecería.

Se dice que el ático está embrujado por William, el hijo ilegítimo de Jr., al que solo se hace referencia como el "niño cara de mono".

Esta pobre alma pasó toda su vida encerrada en el ático de la Mansión Lemp, así que a menudo se observan sucesos extraños en este tercer piso de la mansión: el rostro del niño se ha visto regularmente desde la calle asomándose por las pequeñas ventanas de la mansión.

. . .

Los investigadores de fantasmas a menudo han dejado juguetes en el medio de su habitación, dibujando un círculo alrededor de ellos para ver si los objetos se han movido. De manera constante, cuando regresan al día siguiente, los juguetes se encuentran en otro lugar.

En el baño de mujeres de la planta baja, que alguna vez fue el dominio personal de William, Jr. y tuvo la primera ducha independiente en St. Louis, muchas mujeres informaron que un hombre se asomaba por encima del cubículo. En una de esas ocasiones, una mujer salió del baño, regresó al bar y les dijo a los dos hombres con los que estaba allí: "¡Espero que les hayan echado un vistazo!". Sin embargo, los dos hombres rápidamente negaron haber abandonado el bar, por lo que el cantinero verificó. Se dice que este fantasma es el mujeriego William Jr.

En la habitación de William Lemp, padre, los huéspedes a menudo informaron haber escuchado a alguien subir corriendo las escaleras y patear la puerta. Cuando William se suicidó, se sabía que William Jr. había subido corriendo las escaleras hacia la habitación de su padre y, al encontrarla cerrada, comenzó a patear la puerta para llegar a su padre.

. . .

Hace varios años, un guía turístico a tiempo parcial informó haber escuchado los sonidos de los caballos fuera de la habitación donde William Lemp Sr. tenía su oficina. Sin embargo, cuando el guía turístico miró por la ventana, no había nada. Esta área, al norte de la mansión y ahora utilizada como estacionamiento, alguna vez se utilizó como área de amarre para caballos.

La mansión ha aparecido en varios artículos de revistas y periódicos y ahora atrae a cazadores de fantasmas de todo el país. Hoy cuenta con un *bed and breakfast* con habitaciones restauradas en estilo de época, un restaurante que ofrece buena comida y un teatro con cena misteriosa. Los tours también están disponibles en la mansión. La mansión Lemp está ubicada en el 3322 De Menil Place, a poca distancia del río Mississippi.

2

Casa de los asesinatos con hacha de Villisca

AL FINAL de una calle tranquila en Villisca, Iowa, se encuentra una vieja casa de madera blanca. Calle arriba, hay un grupo de iglesias y a pocas cuadras hay un parque que lleva a una escuela secundaria. La vieja casa blanca se parece a muchas de las otras que llenan el vecindario, pero a diferencia de ellas, está abandonada. La casa no emite luz ni sonido, y tras una inspección más cercana, se descubre que las puertas están bien tapiadas. Un pequeño letrero en el frente dice: "Casa de los asesinatos con hacha de Villisca".

A pesar de su aire ominoso, la casita blanca estuvo alguna vez llena de vida. Una vida que fue duramente aniquilada una cálida noche de verano de 1912, cuando un misterioso extraño irrumpió y golpeó brutalmente a sus ocho habitantes dormidos, hasta la muerte.

El evento llegaría a ser conocido como los asesinatos con hacha de Villisca y desconcertaría a las fuerzas policiacas durante más de un siglo.

El 10 de junio de 1912, la familia Moore dormía tranquilamente en sus camas. Joe y Sarah Moore dormían arriba, mientras sus cuatro hijos descansaban en una habitación al final del pasillo. En una habitación de invitados en el primer piso había dos niñas, las hermanas Stillinger, que habían ido a la casa para una fiesta de pijamas.

Poco después de la medianoche, un extraño entró por la puerta abierta (algo que no es raro en lo que se consideraba una ciudad pequeña, segura y amigable), y arrancó una lámpara de aceite de una mesa cercana, preparándola para que se quemara tan bajo que apenas proporcionara luz suficiente para una persona. Con una mano, el extraño sostenía la lámpara, iluminando el camino a través de la casa. Con la otra, sostenía un hacha.

Ignorando a las niñas que dormían en la planta baja, el extraño subió las escaleras, guiado por la lámpara y un conocimiento aparentemente infalible de la distribución de la casa.

. . .

Pasó sigilosamente por la habitación con los niños y entró en el dormitorio del señor y la señora Moore. Luego se dirigió a la habitación de los niños y finalmente bajó al dormitorio de la planta baja.

Luego, tan rápida y silenciosamente como había llegado, el extraño se fue, tomó las llaves de la casa y cerró la puerta detrás de él.

A la mañana siguiente, los vecinos comenzaron a sospechar, notando que la casa, por lo general bulliciosa, estaba completamente silenciosa. Avisaron al hermano de Joe, que llegó para echar un vistazo. Lo que vio después de entrar con su propia llave fue suficiente para enfermarlo.

Todos en la casa estaban muertos, los ocho habían sido apaleados hasta quedar irreconocibles. La policía determinó que los padres de la familia Moore habían sido asesinados primero y con fuerza obvia. El hacha que se había utilizado para matarlos se había balanceado tan alto por encima de la cabeza del asesino que rasgó el techo sobre la cama. Joe había sido golpeado con el hacha al menos 30 veces. Los rostros de ambos padres, así como los de los niños, se habían reducido a nada más que una pulpa ensangrentada.

. . .

Sin embargo, el estado de los cuerpos no fue lo más preocupante, una vez que la policía registró la casa. Después de asesinar a los Moore, el asesino aparentemente había establecido algún tipo de ritual. Había cubierto la cabeza de los padres Moore con sábanas y la cara de los niños Moore con ropa. Luego pasó por cada habitación de la casa, cubriendo todos los espejos y ventanas con paños y toallas.

En algún momento, tomó un trozo de tocino crudo de dos libras del refrigerador y lo colocó en la sala de estar, junto con un llavero. Se encontró un cuenco de agua en la casa, espirales de sangre arremolinándose a través de él.

La policía creía que el asesino se había lavado las manos antes de irse.

Para cuando la policía, el forense, un ministro y varios médicos habían examinado detenidamente la escena del crimen, se había corrido la voz del cruel crimen y había aumentado la multitud fuera de la casa. Los funcionarios advirtieron a la gente del pueblo que no entraran, pero tan pronto como las instalaciones estuvieron despejadas, al menos 100 habitantes cedieron a sus grandes fascinaciones y caminaron por la casa salpicada de sangre.

. . .

Uno de los habitantes incluso se llevó un fragmento del cráneo de Joe como recuerdo.

En cuanto al autor de los asesinatos con hacha de Villisca, la policía tenía sorprendentemente pocas pistas. Se hicieron algunos esfuerzos a medias para registrar la ciudad y el campo circundante, aunque la mayoría de los funcionarios creían que con la ventaja de aproximadamente cinco horas que había tenido el asesino, ya no estaría. Se trajeron sabuesos, pero sin éxito, ya que la gente del pueblo había demolido por completo la escena del crimen.

Algunos sospechosos fueron nombrados con el tiempo, aunque ninguno resultó. El primero fue Frank Jones, un empresario local que había competido con Joe Moore. Moore había trabajado para Jones durante siete años en el negocio de ventas de equipos agrícolas antes de irse y comenzar su propio negocio rival.

También hubo un rumor de que Joe estaba teniendo una aventura con la nuera de Jones, aunque los informes eran infundados. Sin embargo, la gente del pueblo insiste en que los Moore y los Jones se odiaban profundamente, aunque nadie admite que fue lo suficientemente malo como para provocar un asesinato.

El segundo sospechoso parecía mucho más probable e incluso confesó los asesinatos, aunque luego se retractó alegando brutalidad policial. El reverendo Lyn George Jacklin Kelly era un inmigrante inglés que tenía un historial de desviaciones sexuales y problemas mentales, incluso admitió estar en la ciudad la noche de los asesinatos con hacha de Villisca y admitió que se había ido temprano en la mañana.

Aunque su pequeña estatura y su personalidad mansa llevaron a algunos a dudar de su participación, había ciertos factores que la policía creía que lo convertían en el candidato perfecto. A partir de la dirección de las salpicaduras de sangre, la policía determinó que el asesino era zurdo, y Kelly lo era también. Además, el ministro tenía una historia con la familia Moore, ya que muchos lo habían visto mirándolos mientras estaban en la iglesia y en la ciudad. Una tintorería en un pueblo cercano había recibido ropa ensangrentada de Kelly unos días después de los asesinatos. Según los informes, también le pidió a la policía acceso a la casa después del crimen mientras se hacía pasar por un oficial de Scotland Yard.

En un momento, después de un largo interrogatorio, finalmente firmó una confesión detallando el crimen. Sin embargo, casi de inmediato se retractó y un jurado se negó a acusarlo.

Durante años, la policía examinó todos los escenarios posibles que podrían haber culminado en los asesinatos con hacha de Villisca. ¿Fue un solo ataque o parte de una serie más grande de asesinatos? ¿Era más probable que fuera un perpetrador local, o un asesino ambulante, simplemente pasando por la ciudad y aprovechando una oportunidad?

Pronto, comenzaron a aparecer informes de crímenes bastante similares ocurriendo en todo el país. Aunque los crímenes no fueron tan espantosos, hubo dos hilos en común: el uso de un hacha como arma homicida y la presencia de una lámpara de aceite, que ardería extremadamente bajo, en la escena.

Sin embargo, a pesar de los puntos en común, no se pudieron establecer conexiones reales. El caso finalmente se enfrió y la casa fue tapiada. Nunca se intentó vender y no se realizaron cambios en el diseño original.

Ahora, la casa se encuentra al final de la calle tranquila como siempre lo ha hecho, mientras la vida transcurre a su alrededor, sin inmutarse por los horrores que alguna vez se cometieron en su interior.

. . .

La casa de los asesinatos de Villisca, como ahora se la conoce sin rodeos, fue comprada en 1994 por Darwin y Martha Linn y restaurada a su estado de 1912 para visitas públicas; incluso, si un paseo diurno por las instalaciones no te da suficiente emoción, puedes pasar la noche en una de las habitaciones empapadas de sangre. Su casa es considerada una de las más encantadas del país, y los huéspedes se sienten atraídos por ella. La gente incluso paga más de $400 para quedarse una noche.

"*Los recorridos se han visto interrumpidos por las voces de los niños, las lámparas que caen, las escaleras móviles y los objetos voladores*", dice el sitio web de la casa de los asesinatos de Villisca. En 2014, un investigador paranormal se apuñaló después de pasar la noche ahí. "*Los escépticos han dejado la casa siendo creyentes*", agrega el sitio web.

3

Mansión Pierce

CATALOGADA COMO LA segunda casa más embrujada en toda Nueva Inglaterra (lo cual no es poca cosa considerando la historia del área) y la novena casa más embrujada de los Estados Unidos, la Mansión Pierce es una casa embrujada para todas las edades. Construida a fines de la década de 1880, este inmueble se cataloga como una de las casas más antiguas y con mayor actividad paranormal de la zona.

Ubicada en Gardner, Massachusetts, a poco más de una hora de Boston, la casa fue construida por el exitoso hombre de negocios llamado Sylvester Pierce, después de lograr una gran fortuna como propietario de *SK Pierce and Sons Furniture Company*. El éxito de su negocio llevó a que toda la ciudad de Gardner fuera conocida como 'la ciudad de las sillas'.

Sentado sobre sus hordas de dinero en efectivo, Sylvester Pierce decidió que era hora de construir para él y su familia una mansión que se ajustara a un hombre de su estatura pública. Situada en 4 W. Broadway Street, la mansión que siguió fue una maravilla arquitectónica para su época. Tenía casi 7000 pies cuadrados y diez dormitorios, 2.5 baños, techos de 11 pies y chimeneas de mármol en todas partes.

Se necesitaron más de un año y medio para que 100 trabajadores de la construcción terminaran la casa, las molduras y la decoración talladas a mano se ven en toda la edificación. El detalle meticuloso fue el número uno para Sylvester Pierce, y cada rincón de la casa está más ornamentado que el anterior, con detalles extremos desde los baños hasta las habitaciones de servicio. Aquellos que visitaron la casa para las cenas incluyen al ex presidente Calvin Coolidge, Bette Davis, PT Barnum e incluso Norman Rockwell. La casa también sirvió como un conocido lugar de reunión para la secreta Sociedad Francmasónica.

Sylvester, su esposa Susan y su hijo tenían grandes esperanzas cuando se mudaron a esta casa única, pero esos sueños se vinieron abajo cuando, pocas semanas después de mudarse, Susan Pierce sucumbió misteriosamente a una enfermedad bacteriana.

Después de un año de luto, Pierce se casó con una mujer llamada Ellen, una mujer 30 años más joven, y tuvo dos hijos más.

Tanto Susan como Sylvester no pasaron mucho tiempo en su mansión, desafortunadamente, ya que Sylvester falleció unos años más tarde en 1888, dejando atrás a su nueva esposa y sus tres hijos. Cuando Ellen falleció años después, los tres hijos de Pierce comenzaron a discutir y discutir sobre la propiedad del negocio de muebles. La Gran Depresión terminó asfixiando el negocio y, finalmente, el hijo menor de Sylvester, Edward, tomó el control de la mansión.

Los tiempos difíciles golpearon a la familia y la fortuna comenzó a menguar. Edward convirtió la mansión en una pensión para generar ingresos adicionales, donde comenzaron a ocurrir actividades desagradables, como la prostitución, el juego y el consumo excesivo de alcohol.

Incluso las historias de asesinatos surgieron de la triste casa, con la historia de una prostituta estrangulada en el infame dormitorio rojo en el segundo piso. También se informó de otra tragedia cuando un huésped, un inmigrante finlandés llamado Eino Saari, murió quemado en el dormitorio principal en 1963.

Algunos creen que la combustión espontánea ocurre en la casa y es lo que causó la muerte de Saari, considerando que hubo daños menores en las habitaciones circundantes. De igual manera, se corrió el rumor de otra muerte cuando comenzaron a surgir informes sobre un niño que se había ahogado en el sótano.

¿Qué pasa con esta mansión? ¿Podría ser que sus primeras semanas estuvieron llenas de miseria, enfermedad y muerte? Durante los años siguientes, los huéspedes de la mansión sugirieron que estaba repleta de actividad paranormal. Los internos se han encontrado con los espíritus de Sylvester Pierce, su esposa y su hijo Edward. La presunta prostituta asesinada, su asesino, un niño y una niña también han sido denunciados en toda la Mansión Pierce. A lo largo de los años, y en manos de diferentes propietarios, se han documentado siete muertes reportadas en el hogar.

Los huéspedes lo han experimentado todo aquí, lo que sea, la Mansión Pierce se los ha proporcionado. Todo, desde voces, cánticos, apariciones de cuerpo entero, muebles en movimiento, portazos, cambios de temperatura, sombras de personas, malos olores, pantallas volando de las ventanas, pasos en las escaleras y un siniestro rugido de león que sacude la casa, todo ha sido informado.

Muchos creen que el rugido proviene del espíritu de Sylvester Pierce para mostrar su disgusto con la casa y cómo resultó su vida allí. Ve a otros disfrutando de la mansión, mientras que él y su familia no tuvieron nada más que dolor aquí. Algunos visitantes han sentido la presión de unas manos presionando contra ellos, un visitante incluso informó de la sensación de haber sido empujado en las escaleras, mientras que otro informó que casi fueron expulsados por una ventana del tercer piso.

Los expertos paranormales que visitan la mansión han dicho que las entidades aquí son algunas de las más poderosas que han presenciado. Son capaces de aprovechar la energía eléctrica en el hogar y usarla para mover objetos grandes.

Más recientemente, una mujer llamada Lillian se mudó a la casa con su esposo Edwin, sin conocer la historia. Apenas unas semanas después de su llegada, comenzó a experimentar cosas extrañas e inexplicables dentro de las paredes de la mansión Pierce. Comenzó a escuchar cánticos y susurros, que pronto se convirtieron en gritos y golpes en las paredes del dormitorio, comenzaron a ver apariciones en los pasillos, que les gritaban y les llamaban por sus nombres.

. . .

La casa ya se había hecho un nombre paranormal por sí misma, así que un día un grupo de investigación paranormal entró y preguntó a los espíritus quién era el dueño de la casa. Como era de esperar, los fantasmas respondieron con 'Lillian'.

La evidencia en video de las apariciones en la mansión Pierce se encuentra dispersa por Internet, y una búsqueda rápida en Google mostrará páginas de evidencia de investigación. Una plétora de equipos de investigación paranormales ha estado en la mansión, los investigadores han sido testigos de los fenómenos más espeluznantes, como las voces incorpóreas que dicen que les gustaría 'apretar cada garganta'.

El aspecto más preocupante de esta maldición parece ser los malos olores detectados por los visitantes en toda la mansión. Es bien sabido en el mundo paranormal que los olores desagradables y de azufre están relacionados con entidades negativas y, a veces, demoniacas. ¿Podría la vieja casa tener un olor extraño? Por supuesto, pero con todos los acontecimientos aquí, uno comienza a preguntarse por qué la casa atrae tanta tragedia.

¿Está maldita la tierra sobre la que se asienta la casa? ¿Fue el mismo Sylvester Pierce maldecido?

¿Es posible que la muerte de su esposa y la tristeza que la siguió hayan dejado una huella energética extremadamente negativa en el hogar? Parece que cuando hablamos de la mansión Pierce embrujada, nos quedamos con más preguntas que respuestas.

4

Hotel Monte Vista

Ubicado a lo largo de la antigua Ruta 66 en Flagstaff, Arizona, se encuentra el Hotel Monte Vista. Inaugurado el día de Año Nuevo de 1927, este hotel histórico, incluido en el Registro Nacional de Lugares Históricos, ha sido completamente restaurado a su antigua gloria y continúa sirviendo al público viajero en la actualidad. Además de acoger a numerosas figuras famosas a lo largo de los años, como John Wayne, Bing Crosby y Harry Truman, aparentemente también es el hogar de una serie de figuras sobrenaturales.

Este antiguo hotel es uno de los pocos hoteles estadounidenses construidos en su totalidad con impuestos públicos, cuando, en 1924, un hombre llamado VM Slipher encabezó una campaña local de recaudación de fondos para construir el hotel.

En 1924, el turismo era un negocio floreciente en Flagstaff, donde el alojamiento era demasiado escaso para mantener a los visitantes en la ciudad y hacerlos gastar sus dólares ganados con tanto esfuerzo. Los esfuerzos de Slipher dieron como resultado una ordenanza votada por la ciudad que estableció un vínculo municipal para construir el hotel.

Después de su apertura, el hotel fue popular no solo entre los turistas, sino también uno de los favoritos de los lugareños que rápidamente acuñaron la frase "Encuéntrame en el Monte V". En su primer año, el hotel presentó el programa de radio diario de tres horas de Mary Costigan desde la habitación 105. Costigan fue la primera mujer estadounidense en obtener una licencia de transmisión de radio.

Inaugurado durante la era de la prohibición, esto no impidió que el Hotel Monte Vista ignorara la ley y ejecutara una operación de contrabando rentable desde el bar clandestino más popular de Flagstaff. Sin embargo, en 1931, el lugar fue allanado por funcionarios locales y cerrado, solo para reanudar el negocio dos años después cuando finalmente la prohibición llegó a su fin.

. . .

Durante cinco años, entre 1935 y 1940, el salón y el vestíbulo del hotel también ofrecieron a sus numerosos huéspedes una amplia gama de máquinas tragamonedas para elegir, las únicas en Flagstaff.

En las décadas de 1940 y 1950, las películas occidentales se convirtieron en la elección del público estadounidense y se filmaron más de cien películas en las cercanías de Sedona y Oak Creek Canyon. Durante estas filmaciones, el Hotel Monte Vista recibió a invitados tan famosos como Jane Russell, Gary Cooper, Spencer Tracy, John Wayne y Bing Crosby. En una de las habitaciones del hotel se filmó una escena de Casablanca.

De hecho, fue John Wayne quien informó haber visto uno de los primeros fantasmas del hotel a finales de la década de 1950. Al describir al espíritu como amistoso, este benevolente fantasma evidentemente hizo una breve aparición en la habitación de la estrella de cine.

En la década de 1970, tres hombres robaron un banco de Flagstaff cerca del hotel, donde uno de los hombres recibió un disparo durante su huida del banco.

. . .

Mintiendo y celebrando su exitoso robo, el trío se detuvo en el Monte Vista para tomar una copa. Sin embargo, la herida de bala del herido fue obviamente más grave de lo que cualquiera de ellos anticipaba porque antes de que pudiera terminar su primer trago, murió allí mismo en el salón.

Hoy en día, el personal y los huéspedes se sienten como si este bandido muerto fuera uno de los muchos espíritus que acechan el edificio. Un gerente informó que escuchaba una voz inquietante que decía "Hola" o "Buenos días" cuando abría el bar todos los días. Otros han contado historias de sentir una presencia fantasmal mientras disfrutan de una bebida en el salón de cócteles.

Aunque este podría ser el fantasma del pistolero, el hotel tiene un pasado de tiroteos, vaqueros a caballo en el vestíbulo y peleas de borrachos tal, que no están realmente seguros.

Todo tipo de otros fenómenos extraños son informados en el hotel por espíritus que hacen ruido, mueven muebles, hacen apariciones repentinas, llaman al teléfono del vestíbulo y derriban cosas. Tanto los empleados como los invitados han escuchado música proveniente del vestíbulo del segundo piso cuando no hay banda tocando.

Según se informa, el personal se ha acostumbrado tanto a los sucesos extraños que se ha convertido en una broma para ellos.

En la habitación 210, llamada habitación Zane Gray, muchos invitados han sido despertados por la noche por un botones fantasma, que llama a la puerta con la declaración de que ha llegado el servicio de habitaciones. Sin embargo, cuando los invitados abren la puerta, no ven nada más que un pasillo vacío, ni siquiera un atisbo de alguien escapando por el largo pasillo.

Otros han informado haber visto la imagen de una mujer que deambula por los pasillos fuera de esta habitación. Supuestamente, el hotel evita poner a huéspedes con mascotas en esta habitación porque los perros se vuelven locos de miedo y destrozan la habitación.

Este piso es evidentemente un centro de actividad fantasmal, ya que justo al final del pasillo en la habitación 220, se informa de todo tipo de actividad extraña. Evidentemente, a principios de la década de 1980, esta sala acogió a un excéntrico huésped a largo plazo que era conocido por colgar carne cruda de la lámpara de araña. Algún tiempo después murió en esta habitación y su cuerpo no fue descubierto durante varios días.

Hoy en día, los huéspedes a menudo se quejan de escuchar toses y otros ruidos de la habitación que de otro modo estaría vacía.

En un momento, muchos años después, un hombre de mantenimiento hizo varias reparaciones en la habitación, apagó la luz y cerró la puerta. Sin embargo, al regresar solo cinco minutos después, la luz estaba nuevamente encendida, la ropa de cama despojada y la televisión transmitiendo a todo volumen.

En la sala Gary Cooper, muchos invitados han informado que se sienten desconcertados por la sensación de que alguien indudablemente los estaba mirando. Según se informa, dos prostitutas fueron asesinadas en esta habitación siendo arrojadas por la ventana. Según los informes, las dos mujeres también fueron vistas en el salón de billar y en el salón.

En otra habitación, la número 305, a menudo se informa que el fantasma de una aparición femenina está sentado en la mecedora. Además, si el personal de limpieza mueve la silla, al día siguiente siempre volverá a aparecer junto a la ventana.

. . .

El Hotel Monte Vista es el hotel comercial público más antiguo de la historia de Estados Unidos, y finalmente se vendió a un particular a principios de la década de 1960.

Ubicado en 100 N. San Francisco Street, el viejo hotel con sus historias de escándalos e historias de fantasmas continúa entreteniendo.

5

Hacienda Myrtles

El propietario y arquitecto original de la hacienda Myrtles fue el general David Bradford. Bradford fue un exitoso abogado, hombre de negocios y fiscal general adjunto en el condado de Washington, Pensilvania. Bradford vivía en una pequeña casa de piedra, pero cuando se casó y tuvo hijos, necesitaba más espacio. Bradford construyó una casa grande y exquisita. No mucho después de que terminara de construir la casa, huiría para salvar su vida de su gobierno.

La casa de la que huyó es ahora un museo de referencia nacional, una casa grande de ladrillos de piedra, bastante impresionante para su época. Bradford estuvo involucrado en liderar la rebelión del whisky, tanto así, que se dice que George Washington puso precio a su cabeza por su papel en el asunto.

En 1796, Bradford dejó a su familia a salvo en Pittsburgh. Luego viajó por el río Ohio hasta el río Mississippi. Cuando llegó a Bayou Sara, cerca de lo que ahora es St. Francisville, compró 600 acres de tierra, construyó una casa de ocho habitaciones en la propiedad y la llamó "Laurel Ridge".

En 1799, el nuevo presidente, John Adams, indultó a Bradford. Éste luego llevó a su familia a su nuevo hogar en Louisiana. John Adams agradeció que Bradford estableciera la Línea de Ellicott que creó un límite entre España y Estados Unidos.

Bradford a veces aceptaba estudiantes de derecho en su propiedad. Uno de esos estudiantes fue Clark Woodruff. Clark se convirtió en abogado y se casó con la hija de Bradford, Sara.

El general David Bradford murió en 1808. Clark y Sarah se mudaron a Laurel Ridge para ayudar a su madre, Elizabeth a administrar la casa. Clark amplió las propiedades de la plantación y plantó unos seiscientos cincuenta acres de añil y algodón.

. . .

Clark y Sarah tuvieron tres hijos. El 21 de julio de 1823, Sara murió de fiebre amarilla, así que Clark continuó administrando el hogar y, con la ayuda de Elizabeth, cuidó a sus hijos. El 15 de julio de 1824, su hijo, James, murió de fiebre amarilla, y en septiembre la enfermedad también se llevó a su hija, Cornelia.

Clark le compró la casa a Elizabeth, quien murió en Laurel Grove en 1830. Después de la muerte de Elizabeth, Clark y su hija, Octavia, se mudaron. Un cuidador administraba la hacienda.

El mito de Chloe, una esclava doméstica, se perpetúa hasta el día de hoy por los guías turísticos de la hacienda Myrtles. La historia es que Clark estaba teniendo un amorío con Chloe, y ella temía que la enviaran a los campos, ya sea por perder el favor de Clark o porque los niños estaban creciendo, y ya no la necesitarían para cuidarlos.

Chloe escuchaba a escondidas a Clark y Sarah. Cuando la atraparon, su castigo fue que le quitaran la oreja, y desde ese entonces, llevaría un turbante para ocultar su cicatriz. Luego, Chloe horneó uno de los pasteles de cumpleaños de los niños con adelfa.

. . .

Quería enfermar a los niños y a la mamá para que la necesitaran, y cuando los ayudara a recuperarse, se lo agradecerían. Otra versión dice que hizo esto por venganza.

Por alguna razón, Clark fue el único que no se comió el pastel. El rumor cuenta que Sarah y dos de los niños murieron por el veneno, en vez de la enfermedad… Después de esto, se dice que los otros esclavos no ayudarían a Chloe a escapar. Temiendo la ira que sus acciones pudieran causarles, la colgaron de un árbol en la propiedad.

Cuando Sarah y los niños murieron, todos los espejos fueron cubiertos para que no quedaran atrapados. Sin embargo, se olvidaron de incluir uno de los espejos y se dice que Sarah y sus dos hijas quedaron atrapadas.

En 1834, Clark vendió Laurel Ridge a Ruffin Gray Stirling. Aunque los Stirling poseían varias plantaciones, Ruffin y su esposa, Mary, vivían en Laurel Ridge.

Ampliaron y remodelaron la casa. Cuando se completó en 1850, la casa tenía el doble de su tamaño original. Cambiaron el nombre a Myrtles.

Ruffin murió en 1854 de tuberculosis. Mary gestionó con éxito todas las áreas de la hacienda. Pero, sobrevino una tragedia más personal para Mary: solo cuatro de sus nueve hijos vivieron lo suficiente para casarse. El hijo mayor, Lewis, también murió en 1854.

La hija de Mary y Ruffin, Sara, se había casado con William Drew Winter en 1852. Después de la guerra, Mary contrató a Winter para que la ayudara con la tierra de la hacienda y fuera su agente y abogado. Ella les dio la casa en 1865.

En 1871, William recibió un disparo en el porche de Myrtles. Sara permaneció en Myrtles con su madre y sus hermanos hasta que murió en 1878. Según los guías turísticos de la hacienda, cuando le dispararon a Winter en el porche, él se arrastró hacia adentro y murió en el decimoséptimo escalón. Algunos han visto rayas en las imágenes de las escaleras donde murió William Drew Winter y creen que es su sangre, que se puede ver incluso cuando se limpian las escaleras y se reemplaza la alfombra.

Pero la realidad es que Winter nunca volvió adentro, murió en el porche.

. . .

Si te adentras en la hacienda Myrtles, el guía turístico te mostrará el espejo y te explicará que la gente ha visto una cara, huellas dactilares de niños y marcas de garras. Explican que la cara es Sarah y los niños son de ella. Las marcas de garras son de Sarah tratando de salir del espejo. Estas imágenes se ven en cualquier espejo colocado en el lugar exacto como el espejo original.

En 1975, el dueño de la hacienda informó que casi mueren cuando el espejo voló seis metros de la pared y golpeó su cabeza.

La gente ha afirmado haber visto un fantasma con turbante. La mayoría está de acuerdo, es Chloe. Sin embargo, no hay ningún registro de que Chloe haya existido. Hay registros detallados de la época con una lista de esclavos, pero no hay ninguna Chloe y ni siquiera un nombre similar.

En 1992, la hacienda Myrtles fue fotografiada para contratar un seguro contra incendios. La compañía de seguros quería una fotografía que mostrara la distancia entre los dos edificios, pero fueron rechazados por el seguro porque se les pidió que enviaran fotos sin personas.

. . .

Habían tomado fotografías solo de los edificios y creen que la imagen de la imagen es Chloe.

Nadie está muy seguro de cuándo se originaron las historias de Chloe. Según AmericanHauntingsink.com, en la década de 1950, se mencionó un fantasma. El fantasma era una mujer mayor que llevaba un gorro verde.

En la década de 1970, la casa estaba bajo los nuevos propietarios, James y Kermeen Myers, y se convirtió en un *bed and breakfast*. Las historias de fondo de fantasmas se agrandaron en los mitos que se cuentan hoy. Aunque la historia de los fantasmas puede no ser cierta, muchos escépticos y creyentes por igual han informado haber visto, oído y sentido cosas que no se pueden explicar.

La casa apareció en *Life*, noviembre de 1980, en una lista de los lugares más encantados de Estados Unidos. El artículo incluía la historia de Chloe.

Se han informado informes de sucesos misteriosos desde al menos la década de 1950, según el nieto de uno de los propietarios. Hay documentación de la casa embrujada y otra versión de la mujer del turbante verde en la edición del 8 de junio de 1977 de *The Evening Standard*.

Los propietarios e invitados han informado de pasos aleatorios en las escaleras, luces que se encienden y apagan, escuchan los gritos de los niños, el ruido de los pomos de las puertas y la aparición de una dama con un turbante verde. Los invitados informaron haber sido despertados por la misma dama.

Hay informes de un piano sonando por sí solo. El personal ha sido testigo de los espíritus y, como resultado, no regresan. Se sabe también que mientras se filmaba parcialmente un programa de televisión en la casa, trasladaron los muebles a otra habitación. Los muebles se volvieron a colocar en su lugar cuando regresaron. Esto sucedió más de una vez.

Podemos creer en los testimonios de personas que afirman que la casa está encantada, o podemos convencernos de que ha sido una de las campañas de marketing más exitosas… ¿Quizás un poco de ambos?

6

Mansión familiar Liu

LA ANTIGUA MANSIÓN de la familia Liu (劉家古宅民雄鬼屋), comúnmente conocida como la casa fantasma Minxiong, es uno de los lugares encantados más famosos de Taiwán. Está situado en el campo cerca de Chiayi, una ciudad provisional en el suroeste del país. Construida con tres pisos, alguna vez habría sido un lugar maravilloso para vivir pero, en algún momento de la década de 1950, la familia Lui levantó palos y abandonó la propiedad para siempre.

Hay varias teorías sobre por qué rechazaron su hogar, una vez encantador, y la mayoría de ellas están asociadas con fantasmas. El cuento más popular involucra a una doncella y su romance con el dueño de la casa, Liu Rong-yu, un acaudalado comerciante y terrateniente.

. . .

Avergonzada por el descubrimiento de la relación, se dice que la criada se suicidó tirándose al pozo (aunque algunos dicen que la esposa descubrió el romance y convirtió la vida de la joven en una miseria tal, que no vio otra salida más que tirarse al pozo).

Su espíritu regresó para perseguir a la familia Lui todas las noches. Finalmente, no pudieron soportarlo más y abandonaron su hogar ancestral, dejándolo a merced de las almas errantes, la naturaleza y algún ocasional visitante curioso aún vivo.

Otra narrativa popular involucra al Ejército Imperial Japonés. La historia cuenta que algunos soldados japoneses fueron alojados en la mansión durante la Segunda Guerra Mundial. Una noche brumosa, iluminada por la luna, un soldado solitario de guardia vio una figura en movimiento cerca del perímetro del terreno y abrió fuego; naturalmente, esto despertó al resto de las tropas y también comenzaron a disparar en la noche. Cuando llegó la mañana, todos los soldados estaban muertos, habiéndose masacrado inexplicablemente unos a otros.

También hay un relato sobre algunos soldados taiwaneses, que se enfermaron y murieron después de pasar un tiempo en la casa.

En realidad, sin embargo, lo más probable es que la familia Liu simplemente se mudara por razones que solo ellos conocieron (negocios, educación, etc.), pero es extraño, dada su riqueza reportada, que permitieran que esta casa una vez gloriosa cayera en tal estado de deterioro.

Tal vez tú no eres supersticioso/a, pero podemos ver que algunos taiwaneses lo son. La mansión es bastante popular, la gente es muy cuidadosa cuando se acerca a ella y por ningún motivo se atreverían a poner un pie dentro de ella.

En cuanto a la mansión en sí, fue construida en 1929 y es de estilo barroco clásico. Gran parte de la estructura de ladrillo rojo ha sido asumida por la naturaleza y las enredaderas atmosféricas y retorcidas que han envuelto gran parte de su exterior, tanto, que te hacen pensar en Ta Prohm y otras ruinas de Angkor en Camboya.

La posición de la mansión también es de interés. Aparte de ubicarse al sur, está rodeada por tierras agrícolas planas, pero si retrocedes para admirar la estructura desde la distancia, no verás nada excepto una pequeña sección del muro delimitador.

. . .

La propiedad está completamente rodeada por un parche de bosque denso y no es hasta que te acercas mucho que comienzas a reconocer algo que se parezca a una casa.

Aunque el terreno es propiedad privada, a los propietarios actuales no parece importarles que la gente los visite. De hecho, hay una especie de entrada custodiada por un robot kitsch hecho de hojalata e incluso hay un café con temática de fantasmas al lado, en caso de que necesites un espeluznante refrigerio.

Una última palabra de advertencia. Si visitas la antigua mansión de la familia Liu en Minxiong, no te acerques demasiado al pozo en el que la criada se encontró con su mal destino porque, según el mito, terminarás plagado/a de mala suerte y desgracia (o algo peor) por el resto de tus días de vida.

7

Mansión Los Feliz

La historia de Harold Perelson y la casa del asesinato de Los Feliz se pueden resumir en un pasaje de su copia de la Divina Comedia de Dante, dejado abierto en la mesita de noche de Perelson el día en que asesinó a su esposa y luego se quitó la vida:

"A mitad de camino en el viaje de nuestra vida, me encontré dentro de un bosque oscuro, porque el camino directo se había perdido..."

En un momento, Harold lo tenía todo: una floreciente carrera en medicina, una hermosa esposa, una familia amorosa y una casa palaciega en el vecindario Los Feliz de Los Ángeles. Luego, en las primeras horas de la mañana del 6 de diciembre de 1959, los vecinos se despertaron con el sonido de la hija de Harold, Judye, gritando y golpeando la puerta.

Cuando la policía finalmente llegó a la escena, encontraron a la esposa de Harold muerta en su cama y al propio Harold muerto por una sobredosis masiva de drogas, un aparente suicidio.

Pero incluso después de que Harold Perelson se había ido hace mucho tiempo y los miembros sobrevivientes de la familia Perelson se habían dispersado por todo el país, la llamada Casa del Asesinato de Los Feliz permaneció vacía durante décadas. Ahora, a pesar de pasar a manos de nuevos propietarios, hay rumores de que el lugar es más que un simple monumento a esa horrible noche de diciembre de 1959; algunos dicen que está embrujado.

La casa en sí, ubicada en 2475 Glendower Place, es una hermosa reliquia de otra época: una mansión de estilo renacentista español con un salón de baile, cuatro dormitorios principales e incluso cuartos para los sirvientes. Cuando Harold Perelson compró la casa a principios de la década de 1950, se estaba haciendo un nombre como médico y profesor de cardiología. Fue un orador frecuente en conferencias. Antes de mudarse a la casa, su esposa Lillian dio a luz a tres hijos: Judye, Joel y Debby.

Durante un tiempo, las cosas parecieron ir bien para la familia Perelson.

Todo eso cambió cuando la relación de Harold con su socio comercial, Edward Shustack, se vino abajo. Años antes, Shustack se ofreció a convertir el diseño de Harold para un nuevo dispositivo médico experimental en un producto listo para el mercado. El dispositivo equiparía una jeringa para inyectar sustancias de pequeñas cápsulas de vidrio, lo que haría que la inyección fuera más segura y menos propensa a la contaminación.

Sin embargo, después de trabajar juntos durante 11 años, supuestamente Schustack intentó robar el diseño para excluir a Harold del trato. Lo que siguió fueron dos años de disputas legales, en las que Harold exigió $100,000 en daños (casi un millón en dólares de hoy). Los honorarios legales del caso, así como las inversiones anteriores de los Perelson en el desarrollo del dispositivo, consumieron las finanzas familiares. En un giro cruel, Harold solo recibió alrededor de $24,000, una suma decepcionante en comparación con lo que esperaba.

Después de eso, los niños de Perelson quedaron atrapados en un accidente automovilístico mientras Judye, de 16 años, conducía, lo que hizo que Harold se dirigiera nuevamente a la corte para reclamar daños y perjuicios.

. . .

Una vez más, estaba bloqueado: solo recibió lo suficiente para cubrir el tratamiento médico de los niños, no los $50,000 que estaba buscando.

A partir de ahí, las cosas comenzaron a desmoronarse en serio. Según la carta de Judye a una tía:

"Mi familia está otra vez en el tiovivo, los mismos problemas, las mismas preocupaciones, solo que se multiplican por diez... Mis padres, por así decirlo, están en un aprieto económico".

En este punto, Harold había experimentado una serie de enfermedades coronarias, aparentemente como resultado del estrés financiero que sufría su familia. Más tarde, sin embargo, se reveló que las coronarias fueron el resultado de intentos fallidos de suicidio con drogas poderosas. De hecho, justo antes del asesinato, Lillian estaba considerando enviar a Harold a una institución para enfermos mentales.

El mundo de los Perelson se vino abajo el 6 de diciembre, cuando Harold decidió acabar con todo y llevarse a su familia con él. El hombre se levantó a las 5 de la mañana de esa noche de diciembre y recuperó un martillo de bola del piso inferior de la casa, regresó al dormitorio principal, donde su esposa aún dormía.

. . .

Según el informe forense, la golpeó con tanta fuerza con el martillo que dejó un agujero de una pulgada de ancho en su cráneo. Lillian, sin embargo, no murió de inmediato, continuó respirando un poco más.

Luego, Harold centró su atención en los niños. Al abrir la puerta de la habitación de su hija Judye, una vez más bajó el martillo de bola para intentar matar a su hija mayor. Sin embargo, Judye sobrevivió al golpe. Se despertó aterrorizada y encontró a su padre sosteniendo un martillo ensangrentado sobre su cama.

De manera escalofriante, según los informes, Harold le dijo a Judye que se quedara quieta. En este punto, el ruido había despertado a Debby, la hija de 11 años de Harold, que se había levantado y había ido a ver qué estaba pasando. Harold aparentemente la vio y dejó la cama de Judye, diciéndole a Debby: *"Vuelve a la cama. Esto es una pesadilla."*

Mientras tanto, Judye había salido corriendo de su habitación y se había escapado a la calle. Corrió a la casa de un vecino y llamó a su puerta con las manos manchadas de sangre. Antes de llegar allí, los vecinos supuestamente la escucharon gritar: *"¡No me mates!"*.

· · ·

Según Cheri Lewis, una residente del vecindario: *"Judye vino a nuestra puerta. Recuerdo tener mi mano en su sangre. Solía cuidar a los niños allí. De hecho, se suponía que pasaría la noche siguiente allí".*

De vuelta dentro de la casa, Harold había decidido que había terminado con su juerga. Fue al baño y mezcló una gran cantidad de Nembutal, un poderoso barbitúrico, con agua, luego ingirió 31 pastillas tranquilizantes. Cuando la policía llegó al lugar y entró en la casa, Harold Perelson estaba muerto. El martillo todavía estaba en su mano.

Cuando las autoridades recorrieron la casa y evaluaron la brutalidad, descubrieron que Lillian Perelson no había muerto por pérdida de sangre, sino por asfixia. Ella se había ahogado en su propia sangre.

Los niños Perelson pasaron a la custodia de su tía. Poco después, la casa en 2475 Glendower Place fue esencialmente abandonada. Se vendió en una subasta de sucesiones a Emily y Julian Enriquez, ninguno de los cuales vivía en la propiedad. Pasaron décadas y la casa se ganó la reputación de estar prácticamente intacta desde los asesinatos.

. . .

Según una de las leyendas más populares, el árbol de Navidad de los Perelson y los regalos envueltos todavía estaban en su sala de estar, pudriéndose entre los muebles polvorientos. El aspecto de cápsula del tiempo de la casa era, al menos en parte, cierto. Investigadores aficionados se asomaron a las ventanas y vieron artículos como viejas revistas Life y Spaghetti-O's. Sin embargo, estos materiales no se remontan a los asesinatos, se colocaron en la casa después de diciembre de 1959.

Además de ser utilizada como lugar de almacenamiento por la familia Enríquez, la casa permaneció vacía de residentes durante décadas. Después de la muerte de Emily y Julian, la casa pasó a su hijo Rudy Enríquez, quien continuó usando la casa para almacenar cosas. Hubo muchos informes de que Rudy visitaba la casa para dejar y recoger artículos, pero nunca se quedaba allí.

Los vecinos aparentemente se quejaron de que los ocupantes ilegales se habían mudado a la propiedad, especialmente al patio. Finalmente, se instaló un sistema de seguridad en la casa, pero eso no impidió que la gente intentara entrar para ver qué había dentro de la infame Casa del Asesinato de Los Feliz. Tampoco se hizo nada para sofocar los informes de cosas extrañas y aterradoras que sucedían dentro de sus paredes.

· · ·

En los 60 años transcurridos desde los asesinatos, algunas almas valientes que husmearon en la casa han informado de una serie de fenómenos sobrenaturales alrededor de 2475 Glendower Place. Una vecina, por ejemplo, afirmó que su amiga visitó la casa por la noche, donde fue mordida por una araña viuda negra. Entonces, accidentalmente activó la alarma antirrobo. *"Dos noches después"*, dijo, *"la alarma siguió sonando en mi casa en mi puerta trasera. Pero no había nadie allí. Era como si el fantasma nos estuviera siguiendo"*.

Una ocurrencia común parece ser el sonido de gritos y gemidos que escuchan los intrépidos cazadores de fantasmas en las primeras horas de la mañana. Los cazadores informaron haber escuchado el sonido de una mujer gritando "¡No!" con voz aterrorizada, seguida de gritos frenéticos y luego silencio.

Otro supuesto avistamiento involucra apariciones fantasmales, quizás los eventos más reportados provenientes de estos cazadores de fantasmas son los avistamientos de rostros que miran por las ventanas de la vieja mansión…

Los cazadores cuentan que vieron el rostro de una mujer mirándolos a través de una de las ventanas del piso de arriba, para después simplemente desaparecer de su vista.

También se ha mencionado la aparición de orbes flotantes y fantasmales que deambulan por la casa.

Teniendo en cuenta su notoria reputación, estado deteriorado y casi 60 años vacante, los vecinos estaban seguros de que la casa terminaría siendo demolida. Pero el destino tenía otros planes para 2475 Glendower Place. En 2016, tras la muerte de Rudy Enríquez, la casa volvió a salir a subasta. Se vendió a una pareja, supuestamente "la única que acudió a los tribunales" para pujar por ella, que compró la casa por 2,3 millones de dólares.

Más tarde se reveló que la abogada de derechos civiles y personalidad de *truTV* Lisa Bloom y su esposo Braden Pollock eran los nuevos propietarios. La pareja aparentemente planeó renovarlo y removió todo del interior. Un final feliz para una historia aterradora. Solo que ese no fue el final de la historia en absoluto.

Apenas tres años después de la compra del lugar, la casa ha vuelto a ponerse a la venta. Los propietarios ahora están tratando de venderlo por $3.5 millones después de quitar muchas de las paredes y de restaurarlas.

. . .

Por supuesto, la lista de venta no menciona que la casa fue el lugar de un asesinato espantoso; según la ley de California, los corredores de bienes raíces no tienen que revelar esa información si el asesinato ocurrió hace tres años o más.

Sin embargo, los vecinos, los verdaderos expertos en delitos y los cazadores de fantasmas conocen la oscura y trágica verdad de 2475 Glendower Place en Los Feliz.

8

Villa de Vecchi

Justo al este del lago de Como, ubicado frente a las montañas boscosas de Cortenova, se encuentra una casa indudablemente encantada. Villa De Vecchi, apodada alternativamente Casa Roja, Mansión Fantasma y Casa Delle Streghe (La Casa de las Brujas), fue construida entre 1854-1857 como residencia de verano del Conde Félix De Vecchi. A los pocos años de su finalización, la casa fue testigo de una inexplicable serie de tragedias que cimentarían para siempre su legado gótico.

El conde Félix De Vecchi era el jefe de la Guardia Nacional italiana y un héroe condecorado tras la liberación de Milán del dominio austriaco en 1848.

. . .

Un hombre culto y muy viajado, el conde deseaba construir un retiro de ensueño para él y su familia, y con la ayuda del arquitecto Alessandro Sidioli levantó nada menos que un palacio.

Ubicada dentro de un parque de 130,000 metros cuadrados, la gran mansión contaba con una combinación de estilos barrocos y clásicos orientales, junto con todas las comodidades modernas de la época, incluidas tuberías de calefacción interior, montaplatos y una fuente presurizada a gran escala. Las paredes y los techos estaban adornados con frescos y frisos minuciosamente detallados, y una chimenea enorme presidía el salón principal donde había un piano de cola listo. Amplios jardines y paseos completaron el ya pintoresco entorno, y se construyó una casa para el personal igualmente impresionante.

Alessandro Sidioli murió un año antes de que se completara la villa, y muchos verían más tarde su muerte como el primer mal presagio. Sin embargo, el Conde y su familia hicieron de Villa De Vecchi su hogar durante los meses de primavera y verano y, según la mayoría de los relatos, llevaron una existencia idílica, aunque breve. De ahora en adelante es donde entra la parte misteriosa, así que considérate advertido/a.

. . .

En algún momento de 1862, el Conde regresó a casa para encontrar a su esposa brutalmente asesinada (algunas fuentes afirman que su rostro estaba desfigurado) y a su hija desaparecida. No faltan teorías intrigantes, desde una invasión al hogar hasta un acto deliberado de venganza contra el Conde, e incluso la (improbable) posibilidad de que su hija fuera la principal sospechosa.

Independientemente del quién y el por qué, el Conde haría una larga búsqueda de su hija antes de suicidarse ese mismo año.

Según un puñado de relatos alternativos, a principios de la década de 1860 el Conde enfermó de un trastorno hepático crónico y pasó los últimos meses de su vida entre Milán y Cortenova para "pintar y cuidar a sus hijos". Estas versiones afirman que murió en Milán a la edad de 46 años por insuficiencia hepática, dejando su patrimonio a sus hijos y hermano Biagio.

De cualquier manera, la Villa pasó al hermano de Félix, Biagio, cuyas renovaciones posteriores supervisaron la eliminación de gran parte de los aspectos orientales de la propiedad. Biagio y su familia continuaron viviendo en los terrenos hasta la Segunda Guerra Mundial, después de la cual abandonaron definitivamente.

Luego, la casa pasó por varias rondas de propietarios y posibles compradores, pero en la década de 1960 quedó permanentemente deshabitada y, algunos años después, se declaró oficialmente inhabitable.

En los años siguientes, la infame Casa Roja ha visto una buena cantidad de tráfico peatonal, para bien y, también para peor. Si bien los elementos naturales comenzaron su asalto desde el principio, la mayor parte del daño irreversible de la casa ha sido causado por humanos. Las paredes están cubiertas de grafitis antisemitas, pornográficos y satánicos, y todo lo que pueda estropearse ha recibido su debida modificación.

El piano de cola, que alguna vez se dijo que lo tocaba de noche una entidad fantasmal, lamentablemente (y como era de esperar) se rompió en pedazos. Un pequeño consuelo, algunos lugareños afirman que todavía se puede escuchar música proveniente de la casa.

El ocultista Aleister Crowley supuestamente pasó algunas noches en la villa en la década de 1920, y abundan los informes de orgías rituales, sacrificios (animales y humanos), suicidios y asesinatos; la cruda verdad es que la gente le ha hecho lo peor a Villa De Vecchi, y ahí radica la verdadera tragedia.

En ciertos casos, la casa se siente más encantada que embrujada. ¿Recuerdas *La belle et la bête* de *Cocteau*, y cómo el castillo de la Bestia era una entidad viviente, vigilante y resplandeciente más allá de la visión despierta de la Bella?

Eso es Villa De Vecchi. Al entrar, uno siente inmediatamente ojos siguiéndote, ni acogedores ni malévolos. Es como si la casa estuviera conteniendo la respiración, esperando ver dónde pisas y qué harás a continuación, y es difícil deshacerse de la sensación de que tan pronto como te vayas, volverá a cobrar vida.

Como la mayoría de los exploradores urbanos confesarán valientemente, los humanos estamos fascinados por la muerte y el deterioro, las posibilidades que se encuentran dentro y más allá de esas verdades. Es más, ¿quién no ama un buen misterio? La trágica historia del Conde es sólo la mitad del atractivo; la otra mitad reside en el espacio en blanco dejado atrás, la frase inacabada que es todo sitio abandonado.

Y a pesar de todos los esfuerzos para provocar su desaparición, Villa De Vecchi persiste. Una avalancha en 2002 acabó con todas las casas cercanas, mientras que la villa permaneció intacta.

. . .

Te hace preguntarte si la casa realmente está bajo algún tipo de hechizo que finalmente está llegando a su fin.

Cuando todo está dicho y hecho, escrito y debatido, la villa es verdaderamente una magnífica pieza de arquitectura y un ejemplo de la visión de un hombre que superó los estándares de McMansion. La escapada palaciega del Conde fue de una época que con frecuencia romantizamos, pero rara vez se nos da la oportunidad de entrar, aunque de una manera más macabra.

Cualquiera que cruce el umbral de Villa De Vecchi tendría dificultades para no admitir, tal vez incluso en contra de su mejor juicio, que el lugar tiene su propio tipo de energía de otro mundo, tal vez incluso uno o dos espíritus. Lo que deja la pregunta: ¿preferirías morir como un simple mortal o una leyenda gótica? Dondequiera que residan el Conde y sus parientes, es imposible no preguntarse cuál habrá sido su destino último.

9

Hotel Crescent

Por más acogedores que puedan parecer los hoteles, algunos son lugares privilegiados para los espíritus no deseados. Según los rumores, pocos alojamientos están tan embrujados como el Hotel Crescent, donde casi todas las habitaciones tienen al menos a un fantasma. Pero, ¿cómo se convirtió este lugar en embrujado? La inquietud del Hotel Crescent proviene de una historia trágica y horrible que se remonta a más de un siglo.

El hotel fue una vez un hospital para pacientes con cáncer. En Crescent, un "médico" supuestamente publicitó curas milagrosas y dirigió un plan fraudulento para estafar miles de dólares a pacientes con cáncer. No es de extrañar que el sótano sirviera una vez como depósito de cadáveres.

. . .

El Hotel no solo es considerado uno de los lugares más encantados de Arkansas, sino que también es uno de los hoteles encantados más conocidos de los Estados Unidos, se encuentra en Eureka Springs, AR, y el edificio existe desde 1886.

Desde que se construyó, el inmueble ha servido como lugar para escuelas, spas, trabajo médico y más, lo que significa que muchas personas han tenido la oportunidad de habitar el edificio. Supuestamente han dejado atrás fantasmas a lo largo de las décadas de diferentes ámbitos de la vida, incluidos niños, mujeres mayores, estudiantes y asistentes a la fiesta.

Durante un tiempo, el edificio estuvo en mal estado y no era adecuado como hotel real, pero ahora es un alojamiento completamente restaurado y funcional, con fantasmas supuestamente intactos. El hotel tiene más de 70 habitaciones, cada una de las cuales supuestamente alberga un espíritu, lo que lleva a la afirmación del hotel de que es el hotel más embrujado de Estados Unidos.

El Hotel Crescent tiene una notoria asociación con el "Doctor" Norman Baker. El hombre estaba lejos de ser un médico de verdad, pero eso no le impidió fingir serlo.

Apuntó a personas vulnerables, muchas de las cuales tenían una enfermedad terminal.

En la década de 1930, el inventor y artista escénico Baker vio la oportunidad de generar dinero. Comenzó con la compra del hotel Crescent, luego instaló un spa de hospital falso dentro del albergue, presumiendo que podía curar el cáncer.

Baker, según se informa, hizo anuncios en los que afirmaba que otros hospitales y médicos no estaban tratando el cáncer correctamente y que la cirugía y la radiación eran dañinas e ineficaces. En su lugar, recomendó que los pacientes fueran a su hotel, para que pudieran recibir las inyecciones que él inventó y regresar a casa curados.

Las inyecciones eran poco más que té, clavo y ácido carbólico, que no curaron el cáncer de nadie.

Si bien las inyecciones no fueron letales, los pacientes aún murieron porque su condición no fue tratada, pero Baker ganaba más de 500.000 dólares al año antes de que los investigadores descubrieran su plan.

. . .

Delitos como robar dinero a personas, hacerse pasar por un médico y facilitar muertes lentas y dolorosas deberían conducir a una larga pena de prisión. Pero esto no le pasó a Baker. En cambio, las autoridades arrestaron y condenaron al médico fraudulento por fraude postal. En 1940, Baker recibió una sentencia de prisión de cuatro años por estafar millones de dólares a pacientes con cáncer. Pero dado que sus inyecciones no mataron a nadie directamente, no enfrentó cargos por la muerte de ninguno de sus pacientes.

Una vez fuera de prisión, Baker vivió cómodamente sus días en Florida hasta su muerte en 1958. Sin embargo, se dice que el 'doctor' y su personal aún pueden deambular por los pasillos del hotel.

Dado que el inmueble fue una vez una casa de muerte y mentiras, tiene sentido que los espíritus de los pacientes todavía puedan rondar los pasillos. Algunos invitados han informado de haber visto y oído a enfermeras con carritos médicos caminando por los pasillos y las habitaciones. Otros afirmaron haber visto a una enfermera empujando una camilla hacia el sótano, que en algún momento sirvió como depósito de cadáveres.

. . .

El propio "médico" también podría permanecer en el viejo hotel. Según los informes, la forma de un hombre vestido de púrpura, un color que Baker usaba a menudo, ha aparecido en la antigua sala de recreación, en el sótano y al pie de las escaleras. Este espíritu se asemeja a las fotografías de Baker.

La primera tragedia que ocurrió dentro de las paredes del hotel Crescent se remonta a la construcción del edificio y, según los informes, el hombre involucrado todavía ronda el hotel. "Michael" era supuestamente un albañil que trabajó en la construcción del hotel en 1885. Según cuenta la historia, resbaló y cayó desde el segundo piso hasta el primero, y murió en el impacto. Después de su muerte, una de las habitaciones de hotel construidas en ese sitio, la habitación 218, se ha convertido en el lugar más frecuentado del edificio.

Michael aparentemente se mete con las luces, puertas y aparatos electrónicos.

La gente a veces puede escuchar el grito de un hombre que cae, y un invitado alega haber visto sangre en las paredes y manos saliendo del espejo de la habitación.

. . .

En el sótano, fácilmente uno de los lugares más embrujados del hotel, los visitantes han dicho que sintieron miedo y tal vez incluso el toque de un espíritu. El sótano fue la morgue de Baker durante los días de hospitalización del hotel. Cuando moría un paciente, una enfermera llevaba el cuerpo al sótano y lo refrigeraba, permitiendo luego que Baker realizara una autopsia.

Hoy, el sótano del hotel conserva la sala de refrigeración y una mesa de autopsias. Las personas que visitaron el sótano informaron que se enfermaron, experimentaron luces que se apagaron y vieron orbes extraños o el fantasma de Baker.

"Theodora" es aparentemente una ex paciente de cáncer que no ha salido de su habitación. Aquellos que se quedan en la habitación 419, el antiguo espacio de Theodora, pueden experimentar algunos disturbios. Los visitantes informaron haber escuchado a alguien buscar a tientas sus llaves afuera de la puerta. Otros han afirmado que sus pertenencias parecían reorganizadas. Según los informes, Theodora incluso ha hecho las maletas de los visitantes, tal vez insinuando que quiere que se vayan.

Pero ella no es un espíritu malicioso.

. . .

Según las amas de llaves del hotel, ella se presenta cortésmente como una paciente allí y luego se desvanece en el aire.

Por otro lado, antes de que el Hotel Crescent se convirtiera en hospital, albergaba el Colegio y el Conservatorio para Mujeres Jóvenes en 1908. El edificio servía como hotel en los veranos, pero era una universidad durante la temporada baja. Allí tuvo lugar una tragedia mortal durante este tiempo.

Supuestamente, una joven murió cuando se desplomó desde un balcón al piso de abajo. Nadie sabe si alguien la empujó o saltó para quitarse la vida. Hoy, algunos invitados informan haber visto su espíritu inquieto de pie cerca del balcón y escuchar sus gritos…

A pesar de eso, no todos los fantasmas del hotel son almas que sufren, algunos pueden estar interesados en las fiestas y la diversión. En el restaurado *Crystal Dining Room*, el área de restaurante, los empleados del hotel supuestamente han visto figuras victorianas en traje de gala bailando y bebiendo. Esta fiesta paranormal suele ocurrir temprano en la mañana.

. . .

Los asistentes a la fiesta incluyen a un hombre silencioso y bien vestido que toma una copa y un hombre que dice que está esperando a una chica encantadora que había visto la noche anterior.

Los trabajadores del hotel y los huéspedes también afirman haber presenciado la aparición de los espíritus de una pareja en el espejo del comedor.

Los fantasmas del Hotel Crescent no son dañinos ni agresivos, pero pueden volverse un poco traviesos. A los fantasmas del comedor les gusta mover cosas por la noche, a veces mientras hay gente allí. Una Navidad, las decoraciones y el árbol se movieron por la habitación durante la noche, y el personal del hotel bajó por la mañana para encontrar menús esparcidos por el piso.

Un fantasma en particular podría ser responsable de parte de este caos malicioso. Los invitados han informado haber visto la forma de un niño pequeño saltando por los pasillos y jugando en la cocina. También podría ser culpable de hacer que las ollas y sartenes salgan volando de sus ganchos. Nadie conoce la identidad de este niño fantasma.

. . .

Los espíritus del hotel pueden asustar a los huéspedes más tímidos del lugar, pero los fantasmas son generalmente una atracción masiva para el hotel. Muchos grupos de caza de fantasmas y programas de televisión han investigado el hotel, haciendo que el lugar sea famoso entre los fanáticos de los fenómenos sobrenaturales. El hotel a menudo está completamente reservado con meses de anticipación, incluso cuando las personas no se quedan allí, aún se inscriben en recorridos de fantasmas.

Octubre es la temporada alta del hotel, pero los festivales de investigación paranormal y las celebraciones de fantasmas también atraen a huéspedes amantes de los espíritus.

10

Casa Lizzie Borden

"Lizzie Borden tomó un hacha y le dio a su madre 40 golpes... cuando vio lo que había hecho, le dio a su padre 41. Andrew Borden ahora está muerto, Lizzie lo golpeó en la cabeza, arriba en el cielo cantará, en la horca ella se balanceará".

Esta macabra canción infantil es el resultado de un doble homicidio en el que se acusó a la joven Lizzie Borden en 1892 en Fall River, Massachusetts. Tanto su padre como su madrastra habían sido brutalmente atacados dentro de la casa con un hacha. Ambos obviamente habían sucumbido a sus heridas. Los asesinatos y el juicio recibieron una amplia publicidad y siguen siendo un nombre familiar hasta el día de hoy. Se han representado en numerosas producciones teatrales, películas, obras literarias y rimas populares como la anterior.

. . .

Lizzie Borden nació el 19 de julio de 1860 en Fall River, Massachusetts, hija de Sarah Anthony y Andrew Jackson Borden. Su padre creció en un entorno modesto y luchó económicamente durante gran parte de su vida. Finalmente, tuvo éxito en la fabricación y venta de muebles y ataúdes. También se convirtió en un exitoso promotor inmobiliario, fue director de múltiples fábricas textiles y propiedad comercial.

No hace falta decir que su situación financiera era buena. A su muerte, su patrimonio estaba valorado en $300,000, equivalente a $9 millones en 2019. A pesar de esta riqueza, Andrew era bien conocido por su frugalidad, probablemente debido a su educación más pobre, e incluso rechazó la plomería interior en su casa de Fall River. Borden y su hermana mayor Emma recibieron una educación relativamente religiosa y fueron miembros de muchos grupos religiosos en el área.

Tres años después de la muerte de la madre, Sarah, Andrew Borden se casó con Abby Gray. Lizzie intentó tener una relación cordial con ella, pero siempre la llamó 'Sra. Borden 'en lugar de mamá. Ella creía que Abby se había casado con su padre Andrew solo por su riqueza.

. . .

La criada de los Borden, Maggie, incluso afirmó que las niñas rara vez comían con sus padres y que las tensiones comenzaron a aumentar durante meses antes de los asesinatos.

Andrew había estado dando regalos de bienes raíces a la familia de Abby mientras dejaba a Emma y Lizzie sin nada. Las hermanas también habían exigido propiedades y se les dio la casa en la que ya vivían. La noche antes de los asesinatos, John Morse, el hermano de la fallecida Sarah Borden, visitó a Andrew para discutir asuntos comerciales. Algunos han especulado sobre esa conversación, particularmente sobre una transferencia de propiedad que salió mal, lo que puede haber agravado una situación que ya era tensa.

El hermano de Sarah, John, llegó la noche del 3 de agosto y pasó la noche en la habitación de invitados de la familia. Después del desayuno a la mañana siguiente, Andrew y John fueron a la sala de estar y charlaron durante casi una hora. Alrededor de las 8:48 am, John se fue a comprar un par de bueyes y a visitar a una sobrina, planeando regresar a la casa de los Borden alrededor del mediodía.

. . .

Andrew salió para su paseo matutino habitual alrededor de las 9 de la mañana. Aunque la limpieza de la habitación de invitados era a menudo una tarea delegada a Lizzie o Emma, Abby subió las escaleras en algún momento entre las 9 am y las 10:30 para hacer la cama. Según la investigación forense, Abby se enfrentó a su asesino cuando ocurrió el ataque. Primero fue golpeada en el costado de la cabeza con un hacha, lo que la hizo girar y caer boca abajo al suelo. Su asesino luego la golpeó varias veces, dándole 17 golpes directos más en la parte posterior de la cabeza, matándola.

Andrew regresó de su paseo matutino alrededor de las 10:30 esa mañana, su llave no abrió la puerta. Comenzó a llamar y cuando la criada Maggie fue a abrirla, vio que la cerradura se había atascado. Más tarde testificaría que una vez que murmuró un improperio debido a la cerradura atascada, escuchó a Lizzie reír. No vio a Lizzie, pero dijo que las risas venían de lo alto de las escaleras.

En este momento, Abby ya estaba muerta. Esto fue significativo porque cualquiera en el segundo piso habría visto su cuerpo en la habitación de invitados, pero más tarde, Lizzie negó haber estado arriba durante el juicio. La chica dijo que luego había ayudado a su padre a quitarse las botas y ponerse unos zapatos de casa antes de que él se tumbara en el sofá para tomar una siesta.

Esta historia fue contradicha por las fotos de la escena del crimen, cuando Andrew yacía muerto en el sofá con las botas todavía en los pies. Luego, Lizzie informó a Maggie de una venta en la ciudad y le permitió ir, pero Maggie se sentía mal y se quedó en casa, retirándose a su habitación para tomar una siesta.

Maggie testificó que estaba descansando en su habitación del tercer piso cuando, justo antes de las 11:10, escuchó a Lizzie llamar desde abajo: *"¡Maggie, ven rápido! ¡Padre está muerto, alguien entró y lo mató!"* Andrew fue encontrado desplomado sobre el sofá en la sala de estar, golpeado de 10 a 11 veces con un hacha. Uno de sus globos oculares se había partido limpiamente en dos, lo que sugiere que estaba dormido cuando fue atacado. Todavía estaba sangrando cuando Maggie lo vio, lo que hablaba de un ataque reciente. Entonces, ¿dónde estaba el asesino ahora?

Las respuestas iniciales de Lizzie a la policía fueron extrañas y contradictorias. Inicialmente, informó haber escuchado raspaduras y gemidos. Dos horas después, le dijo a la policía que no había oído nada. Cuando se le preguntó dónde estaba su madrastra, dijo que Abby había recibido una nota para ir a visitar a un amigo enfermo.

. . .

También dijo que pensaba que Abby había regresado a casa y preguntó si alguien podía subir las escaleras y buscarla.

Maggie y una vecina que había pasado, la Sra. Churchill, subieron las escaleras y vieron a Abby tendida en el suelo de la habitación boca abajo. La mayoría de los agentes de policía que entrevistaron a Lizzie encontraron que su actitud era un poco sospechosa, algunos dijeron que estaba demasiado tranquila. A pesar de esto, nadie se molestó en revisarla ni a ella ni a su ropa en busca de manchas de sangre. Fueron criticados por su falta de diligencia cuando solo se asomaron a la habitación de Lizzie, y se fueron poco después cuando Lizzie dijo que no se sentía bien y quería acostarse.

En el sótano de la casa, la policía encontró dos hachas, una con el mango roto. Se sospechaba que era el arma homicida, ya que la rotura del mango parecía reciente y había sido cubierta deliberadamente con ceniza y polvo para que pareciera que había estado en el sótano durante bastante tiempo, intacta. Además, debido a la aparición aleatoria de una enfermedad antes de los asesinatos, se analizaron la leche de la familia y el contenido del estómago de Andrew y Abby en busca de veneno.

. . .

Todo volvió a la normalidad. Más tarde esa noche, los agentes se quedaron cerca de la casa por si el asesino regresaba para acabar con el resto de la familia. Dijeron que vieron a Lizzie y un amigo entrar en el sótano, llevando una lámpara de aceite y un cubo de basura. Los vieron a ambos salir más tarde y a Lizzie sobre el fregadero en un momento.

Unos días más tarde, después de que la policía le dijera a Lizzie que era sospechosa de los asesinatos, el alcalde visitó la casa y encontró a Lizzie rompiendo un vestido y poniéndolo en el fuego. Ella le dijo que era porque se había arruinado con pintura. Finalmente, Lizzie fue llevada a juicio y se dieron muchas razones de por qué habría cometido los asesinatos.

Una sugerencia fue que estaba siendo agredida física y sexualmente por su padre, lo que la llevó a matarlo a él y a Abby, quien no hizo nada para detenerlo. Después de un juicio largo y extenso, Lizzie finalmente fue absuelta de todos los cargos. Se mudó a un vecindario más próspero con su hermana, donde cambió su nombre y fue condenada al ostracismo por sus vecinos. Murió a la edad de 66 años de neumonía en Fall River.

. . .

La casa es ahora un *bed and breakfast* completamente funcional, que alberga a huéspedes de todo el país. Incluso puedes quedarte en la suite Lizzie y dormir en la cama en la que ella durmió. Los informes consisten en gatos espectrales, apariciones, auto-mecedoras e incluso que la propia Lizzie todavía ronda la casa, asfixiando a los invitados que yazcan en su cama.

La mesa del comedor en la que los invitados disfrutan de sus comidas es donde se realizó la autopsia a Abby y Andrew. Los invitados que se hospedan en la casa de Lizzie Borden han capturado fotos de extrañas anomalías flotando junto a sus camas, ruidos provenientes del interior de los guardarropas, pasos, risas (como la de Lizzie, la mañana de los asesinatos) y algunos incluso han reportado haber sido tocados por un mano invisible mientras dormían.

A pesar de que no hubo pruebas suficientes para condenar a Lizzie por los asesinatos de su padre y su madrastra, muchos creen que ella cometió los crímenes porque podía ganar más económicamente con sus muertes, sin mencionar el resentimiento que sentía hacia su madrastra. Hasta el día de hoy, las preguntas giran en torno al caso de Lizzie Borden, y quienquiera que asesinó a la pareja nunca fue llevado ante la justicia.

. . .

Esto por sí solo es suficiente para mantener a los espíritus en un estado de inquietud, y aún más por cuán horribles fueron sus muertes. Entonces, ¿reservarás una estadía en el *Bed and Breakfast* de Lizzie Borden?

11

Hotel Queen Anne

Cuando los huéspedes solicitan la habitación 410 en el Queen Anne Hotel, no es para una noche de sueño reparador. Dentro de la cápsula del tiempo victoriana, la gente dice que puede encontrar un remanente sorprendentemente vivo del pasado: la antigua ocupante del edificio, Mary Lake.

El Hotel Queen Anne es quizás el hotel embrujado más famoso de San Francisco, y aparece en programas de televisión y sitios web de caza de fantasmas en todo el mundo. Y aunque los invitados vienen en busca de la señorita Mary Lake, poco se sabe sobre ella más allá de su ocupación como directora de escuela.

. . .

Si bien una directora fantasmal podría evocar visiones de una aterradora Lizzie Borden, casi nada de Mary Lake se ajusta al estereotipo, incluida su participación en uno de los escándalos sexuales más infames de San Francisco.

Mary nació en Little Falls, NY, en 1849, hija de Helen y Delos Lake. Cuando Mary era una niña pequeña, los Lake se mudaron a San Francisco, donde Delos se convirtió en uno de los abogados más ricos de la ciudad. Como corresponde a un hombre de su estatura, Lake construyó la mansión familiar en la esquina de Leavenworth y Vallejo. Mary creció bien educada y refinada, una verdadera mujer bella de ciudad, y aplicó esas habilidades a la enseñanza.

Después de enseñar en algunas escuelas primarias de la ciudad, Mary decidió abrir su propia academia. En 1889, fundó el Lake Seminary, un internado privado para niñas. Era un lugar modesto en Post Street, y Mary soñaba con un espacio lujoso que atraería a las hijas más ricas de la ciudad a su puerta.

No tendría que esperar mucho para realizar ese sueño; al año siguiente, trasladó el Seminario Lake a un edificio nuevo y hecho a medida en la esquina de Sutter y Octavia.

Tenía 31 habitaciones privadas, un comedor y una biblioteca bien surtida, todo en una gran mansión al estilo de la reina Ana. Aunque Mary provenía de una familia acomodada, esto estaba claramente más allá de sus posibilidades.

Ahí es donde intervino James G. Fair, lo que provocó rumores de una historia de amor que llegó a los titulares de toda California. James Fair, que da nombre al hotel Fairmont, es uno de los grandes villanos de la tradición del Lejano Oeste.

El inmigrante irlandés se fue al oeste con la idea de hacerse rico como minero, y lo hizo. Trabajador incansable, Fair subió hasta llegar al superintendente de la mina en un momento muy oportuno. Hizo su fortuna con *Comstock Lode* y las inversiones inteligentes en bienes raíces y ferrocarriles aumentaron su patrimonio neto a $50 millones en la década de 1880, convirtiéndolo en uno de los hombres más ricos del mundo. Convirtió su riqueza en un escaño en el Senado de los Estados Unidos, que ocupó entre 1881 y 1886.

Fair era una figura profundamente impopular entre los hombres y un producto codiciado por las mujeres.

. . .

Una historia contada a menudo sobre Fair resume su crueldad: Fair se acercó una vez a un grupo de mineros en su descanso y les pidió una luz. Fumar bajo tierra estaba, por supuesto, en contra de las reglas. Pero ver a su supervisor fumar los animó; los mineros también se encendieron un cigarro y disfrutaron de una pausa para fumar con Fair. Más tarde ese día, cada minero recibió una nota de despido por violar la regla de no fumar.

La única persona que despreciaba a Fair más que a sus empleados era su esposa, Theresa Rooney. La pareja se casó en 1862 en el condado de Calaveras cuando Fair era un joven minero y Theresa una encargada de una pensión. Quizás Fair siempre fue un mujeriego (se le describió como diabólicamente encantador cuando quería serlo), pero el mujeriego empeoró cuando fue a Washington DC, para cumplir su mandato como senador. En 1883, Theresa, que vivía con sus hijos en San Francisco, solicitó el divorcio.

El caso fue noticia de primera plana durante meses y por una buena razón: todo se trataba de sexo. Los abogados de Theresa encontraron a dos mujeres, una propietaria de un burdel de San Francisco y otra trabajadora sexual, que testificaron que habían tenido "relaciones sexuales delictivas" con Fair.

. . .

Fair fue descrito como un adúltero "habitual" y el tribunal estuvo de acuerdo. La Sra. Fair recibió $4.25 millones, la mansión en Pine y Jones y la custodia de sus tres hijos pequeños. La decisión fue asombrosa; en ese momento, se pensaba que era el acuerdo de divorcio más grande de la historia.

Unos años más tarde, el hombre, ahora soltero, dedicaría su tiempo libre a ayudar a la señorita Mary Lake a construir la escuela de sus sueños. Como era de esperar, pronto seguirían rumores. La historia decía que el senador Fair había vuelto a encontrar el amor con la maestra de escuela y la relación era tan seria que la pareja ya se había casado en secreto.

Lo que lo hizo aún más interesante fue la historia de que la señorita Lake había estado ausente de su escuela por un tiempo y que el señor Fair no había sido visto en Montgomery Street en ocho días.

Tanto Fair como Lake negaron a gritos el asunto. Mary, en particular, sintió que el escándalo fue inventado por sus "enemigos" - se negó a dar nombres - para manchar su incipiente escuela. Pero si no hubo una historia de amor, quedaba una pregunta sin respuesta: ¿por qué pagaría Fair la escuela de Mary Lake?

Aclamado por su arquitectura victoriana única, el Hotel Queen Anne comenzó como la Escuela para Niñas de Miss Mary Lake en 1890. Muchos creen que la directora Mary Lake continúa rondando los pasillos y, en particular, la habitación 410.

La relación entre Fair y Mary Lake es el núcleo de gran parte de su leyenda fantasmal. Y aunque es una idea fácil, no hay pruebas contundentes de que la pareja haya sido amante alguna vez. Un artículo de Weekly Courier de 1891 dice que Fair pagó la escuela porque era amigo del padre de Mary, el juez Delos Lake. Teniendo en cuenta que Leland Stanford fue portador del féretro en el funeral de Lake, es razonable suponer que otro de sus amigos ricos ayudó a financiar una escuela que serviría a sus familias.

Mary Lake también pagó alquiler - $400 por mes - a Fair, difícilmente un arreglo que uno tendría con su esposo secreto. Sin embargo, existe una tentadora coincidencia para los creyentes en la relación de Mary y Fair.

Cuando Fair murió en 1894, varias mujeres se presentaron reclamando partes de su enorme propiedad.

. . .

La más famosa fue Nettie Craven, quien presentó el papeleo alegando que era la segunda esposa de Fair: el directorio de San Francisco de 1892 enumera su ocupación como "directora de Mission Grammar School". James Fair, al parecer, pudo haber tenido un tipo de mujer ideal.

Los huéspedes del Hotel Queen Anne dicen que el fantasma de la señorita Mary Lake es amable. Se sabe que mete a los huéspedes en la cama mientras duermen y varios visitantes han regresado a sus habitaciones para encontrar sus maletas perfectamente desempaquetadas.

Es un pensamiento encantador, imaginar a Mary cuidando el lugar que tanto amaba pero que tuvo por tan poco tiempo.

En 1896, la última clase se graduó del Seminario Lake. Ese año, el pánico de 1896 se apoderó de la nación y la escuela no pudo sobrevivir a la recesión económica. Mary logró hacer sobrevivir a su amada escuela mediante sus propios recursos durante dos años, pero, lamentablemente, toda su fortuna la agotó.

. . .

Mary Lake vendió los muebles, las pinturas y los 10 pianos. El edificio, que todavía era propiedad de Fair Estate, fue arrendado al Cosmos Club, un club de hombres para la élite de San Francisco. Cayó en mal estado en el siglo XX hasta que fue renovado y abrió como el Hotel Queen Anne en la década de 1980.

En cuanto a la señorita Mary Lake, permaneció en San Francisco hasta 1902 antes de mudarse a Montclair, Nueva Jersey, con su media hermana Anne. Solo vivió allí durante dos años antes de morir en su 55 cumpleaños. Se desconoce la causa de su muerte. Cuando la noticia de su muerte llegó a San Francisco, hubo un torrente de dolor entre sus antiguos alumnos.

Ese afecto es lo que mantiene el espíritu de Mary Lake en el Queen Anne, dicen los cazadores de fantasmas, siempre rondando las felices paredes que alguna vez albergaron el sueño de su vida.

Al final, Mary Lake es tan esquiva como su fantasma. A partir de historias de periódicos y directorios de la ciudad, podemos armar un esbozo de su vida. Pero sus romances, sus angustias y su eventual muerte siguen siendo un misterio.

. . .

Hay un pequeño artículo en la Convocatoria del 28 de julio de 1895 que es quizás el vistazo más revelador del verdadero Mary Lake.

La historia, titulada "Mujeres de la sociedad de San Francisco como compradoras de libros", detalla las colecciones de varias damas prominentes. Mientras que las otras mujeres presumen de primeras ediciones y clásicos griegos, la biblioteca de la escuela de Mary es diferente. Hay todos los clásicos habituales de Hawthorne, Moliere y Bulwer-Lytton. Y, mezclados, novelas románticas de Jane Austen, cuentos de crecimiento de Louisa May Alcott y las muchas aventuras de Alicia en el país de las maravillas.

"¿A quién no le ha gustado quedarse en el país de las hadas y las maravillosas escenas de Aladdin, y vagar por los reinos de la fantasía?" dice la historia. *"Y la señorita Lake cree firmemente en el cultivo de la imaginación de los niños".*

12

Casa Whaley

Cuando la mayoría de la gente piensa en San Diego, imagina hermosas playas, un clima hermoso y atracciones culturales y artísticas. Pero para aquellos que tienen afinidad por lo paranormal, San Diego invita a la investigación, con su pasado rico y oscuro, lugares encantados, encuentros espirituales y eventos inexplicables. El más embrujado de todos los lugares de San Diego es sin duda, Whaley House.

Si bien la historia de los orígenes de Whaley House puede parecer tan simple e inocente como cualquier historia familiar, la verdad es que muchos creían que esta casa estaba destinada a ser embrujada incluso antes de que se construyera. La propiedad fue el lugar de una de las ejecuciones públicas más famosas de la ciudad: la del ahorcamiento del infame ladrón Yankee Jim Robinson.

Pero Thomas Whaley no se dejó intimidar por este hecho y en 1855 compró el terreno y comenzó la construcción de lo que sería la casa de su familia.

Y la casa, que fue el primer edificio de ladrillos en California, fue un hermoso ejemplo de la arquitectura del Renacimiento griego. Thomas, su esposa Anna y sus tres hijos se mudaron a la casa en 1857 y en pocos meses abrieron una tienda general dentro de la residencia.

No pasó mucho tiempo después de que la familia Whaley se mudó a la casa que la tristeza y la desesperación se apoderaron de ellos. Primero, su pequeño hijo Thomas, que solo tenía 18 meses, murió de fiebre escarlatina dentro de la casa.

Luego, unos meses más tarde, se produjo un incendio dentro de la casa, que destruyó la tienda que habían instalado. Poco después, Thomas decidió trasladar a la familia a San Francisco.

Varios años después, en 1868, la familia Whaley, que ahora incluía a Thomas, su esposa y cinco hijos, regresó a casa.

. . .

Una vez que la familia regresó, la casa de los Whaley volvió a estar llena de actividad. Se convirtió en la sede del juzgado de la ciudad, la primera compañía de teatro de San Diego, una tienda general y más. Pero en 1870, los comerciantes locales comenzaron a mudarse al New Town recién establecido, que ahora es el *Gaslamp Quarter*, abandonando Old Town y dejándolo inquietantemente tranquilo. Thomas Whaley no estaba dispuesto a rendirse y siguió viviendo en su casa.

En 1871, cuando Thomas estaba de viaje de negocios, un grupo de hombres armados sujetaron a Anna Whaley a punta de pistola mientras se apoderaban de los registros del tribunal de la casa. Esto, dicen muchos, fue un punto de inflexión para la familia y la casa.

Varios años después, dos de las hijas de Whaley se casaron dentro de la casa. Violet, la más joven de los dos, se casó con George Bertolacci y aunque dio su mejor esfuerzo, el matrimonio fue insoportable, dejando a Violet divorciada y llena de desesperación. Estaba tan abrumada por la depresión que decidió que no podía vivir con la vergüenza y se pegó un tiro en el pecho el 18 de agosto de 1885.

. . .

A lo largo de los años, muchos descendientes de la familia Whaley vivieron y murieron en la casa, incluidos Thomas, Anna y sus hijos Lillian, Thomas, Violet y Francis. Durante sus periodos de restauración, que se desarrollaron en diferentes momentos a lo largo de la historia de la casa, los trabajadores y visitantes comenzaron a notar extraños y misteriosos sonidos, visiones, aromas y encuentros.

El primer y más conocido fantasma que se quedó dentro de la casa y en los terrenos fue el del yanqui Jim Robinson, ya que había muerto justo en el lugar donde se construyó la casa. El infame criminal hacía ruidos espeluznantes, pasos fuertes y dejó huellas incorpóreas, asustando continuamente a los miembros de la familia Whaley durante toda su vida.

El pequeño bebé de la familia Whaley, Thomas, que había sido el primero de esta historia en fallecer, siempre se había quedado cerca, según informaron muchos de los que visitaron la casa.

Podían escuchar pequeños pasos, los sonidos de él llorando, incluso riendo cuando no había nadie a la vista.

. . .

Otros informan haber visto a una mujer joven merodeando en el segundo piso de la casa, que se cree que es la pobre Violet, todavía consumida por el dolor. Parece quedarse cerca del segundo piso donde pasó gran parte de su tiempo después de su divorcio antes de suicidarse. Se dice que las áreas dentro de la casa se vuelven bastante frías y su presencia se siente en todas partes.

Thomas padre, Anna y varios otros espíritus también se han sentido dentro de la casa, en las escaleras y en la propiedad. Muchos han visto al Sr. Thomas vestido con su traje, abrigo y sombrero de copa en lo alto de las escaleras. Otros dicen que pueden oler el aroma del perfume francés, el aroma característico de Anna.

Nieblas, luces que se encienden y apagan solas, cristales en la lámpara de la sala de música que se balancean sin ningún aviso, todas señales de que la casa Whaley todavía pertenece a los muchos que la llamaron hogar a lo largo de los años. Y la maldición aún continúa.

Aunque nadie ha vivido en la casa desde 1953, los espíritus de los muertos todavía están allí, esperando a los visitantes. Los trabajadores del lugar y los invitados que han recorrido la casa cuentan relatos de muchos encuentros inusuales y espeluznantes.

Algunos dicen que han visto una figura mirando por la ventana del piso de arriba mucho después de que la casa se cerró por el día. Otros han visto cómo se movían las cortinas a pesar de que todas las ventanas de la casa estaban selladas.

Los sonidos de los niños que suben y bajan las escaleras se pueden escuchar sin que nadie los vea. Los huéspedes han visto, sentido y oído pasos, puntos fríos, aparición y desaparición de sombras. ¿Son ciertas estas historias? Puedes ir, explorar y decidir por ti mismo/a.

13

Castillo de Leap

El castillo de Leap, que se dice que es uno de los castillos habitados continuamente más largos de Irlanda, se encuentra en Coolderry, dentro del condado de Offaly. Algunos informan que se construyó alrededor del año 1250 d.C., otros informes señalan que posiblemente fue construido en el siglo XV por el Clan O'Bannon, siendo el nombre original "Léim Uí Bhanáin" o "Salto de los O'Bannon".

Este nombre proviene de la leyenda de que dos hermanos O'Bannon saltaron de un afloramiento rocoso donde se iba a construir el castillo. El superviviente gobernaría el clan y construiría el castillo.

· · ·

Sin embargo, el castillo de Leap puede ser más antiguo, ya que hay evidencia que sugiere que hubo otra estructura de piedra antigua antes y que el área ha estado ocupada desde la Edad del Hierro o incluso antes. También se dice que fue utilizado por los druidas con fines ceremoniales.

Los O'Bannon fueron un clan adinerado y jefes secundarios del clan gobernante O'Carroll, que ya tenía una larga historia de agresión y derramamiento de sangre. En 1513 se registró un intento del conde de Kildare de apoderarse del castillo. Este intento falló, pero otro intento tres años después tuvo más éxito, lo que demolió parcialmente el castillo en el proceso. En 1557 los O'Carrolls recuperaron su posesión y gobernaron el castillo de Leap, usándolo como su principal bastión.

En ese momento ya había problemas de inicio dentro del clan. Cuando Mulrooney O'Carroll, el jefe del clan, falleció, sus dos hijos, Thaddeus y Teige, comenzaron una amarga batalla por el poder. Esta disputa culminó con Teige irrumpiendo en la habitación ahora conocida como la 'capilla sangrienta' mientras su hermano (un sacerdote) estaba dando un sermón a los miembros de su familia.

. . .

Clavó su espada a través de Thaddeus, su hermano y los miembros de su familia lo vieron morir mientras yacía herido de muerte en el altar. Teige finalmente recibió su merecido, ya que más tarde fue asesinado por su primo Cahir (Charles) O'Carroll.

Los siguientes propietarios del castillo de Leap fueron la familia Darby, que tomó posesión del castillo a través del matrimonio. Se decía que Jonathan y Mildred Darby estaban muy intrigados por lo paranormal y Mildred se convirtió en escritora de novelas góticas, lo que a su vez dio lugar a la publicidad de los fantasmas del castillo.

Lamentablemente, y principalmente porque la familia Darby era inglesa, el castillo se convirtió en un objetivo del Ejército Republicano Irlandés (IRA, por sus siglas en inglés) durante la lucha de Irlanda por la independencia en 1922. La familia Darby abandonó a Leap al destino de ser bombardeada y saqueada. El IRA incluso tomó los pavos reales domesticados y los colgó de ganchos a lo largo de la parte superior de la torre.

El castillo de Leap cayó en completa ruina y permaneció vacío hasta que en los años 70, un antepasado de los O'Bannons originales, Peter Bartlett, lo compró.

. . .

Aunque logró terminar el trabajo de restauración, falleció poco después y dos años después de que Sean Ryan, el actual propietario del castillo de Leap, lo comprara. Hasta el día de hoy, el hombre continúa con el apasionado trabajo de restaurar esta parte vital de la historia de Irlanda.

Con tanta historia oscura, no es sorprendente que los cuentos de fantasmas estuvieran destinados a surgir.

Muchos han informado haber experimentado todo, desde ver la aparición de un niño hasta encontrar al ahora famoso "Elemental", de quien hablaremos más adelante.

Pero, ¿por qué estarían allí? ¿Por qué estaría embrujado?

La crueldad y las formas asesinas de los O'Carrolls probablemente serían una buena explicación, por supuesto. Se ha informado que el fantasma de Thaddeus todavía deambula por la Capilla Sangrienta y algunas de las habitaciones de abajo. Pero Thaddeus no fue la única muerte en el castillo.

. . .

La familia McMahon, por ejemplo, había sido invitada a una fiesta de celebración después de derrotar a un clan enemigo mutuo. Por alguna razón, los O'Carrolls decidieron envenenar a sus invitados, durante lo que debería haber sido una celebración de la victoria. La misma suerte les sucedió a algunos miembros del clan O'Neil.

En la década de 1920, se descubrió una mazmorra, escondida detrás de una pared en la Capilla Sangrienta, durante las renovaciones, lo que puede mostrar que los O'Carrolls participaron en muchas más muertes: se encontraron esqueletos empalados en púas en la base del Oubliette, se sacaron suficientes restos humanos para llenar tres carros. Sin embargo, también se dijo que allí también se encontró un reloj de bolsillo de mediados del siglo XIX, por lo que puede que no hayan sido solo los O'Carrolls quienes usaban ese Oubliette.

En la era de los Darby, el Capitán Darby había acumulado una gran riqueza y la leyenda dice que escondió tesoros alrededor de la propiedad. Finalmente, el 'Capitán Salvaje' fue arrestado por traición y encarcelado en Dublín. Durante su encarcelamiento, se volvió loco y, una vez liberado, trató de encontrar sus tesoros solo para olvidar dónde los enterró. Se dice que su fantasma vaga por los terrenos del castillo todavía buscando sus tesoros perdidos.

Continuando con los Darby, cuando Jonathan y Mildred Darby se hicieron cargo del castillo de Leap, estaban muy intrigados con las leyendas y cuentos de su hogar y disfrutaron incursionando en el ocultismo. Habían celebrado sesiones espiritistas con regularidad, y Mildred se convirtió en una novelista gótica que, a su vez, sin duda, contribuyó a la publicidad de los fantasmas en el castillo.

El más famoso de los espíritus del castillo de Leap es, por supuesto, el 'Elemental'. Se dice que su apariencia tiene una cara en descomposición y viene con un olor igualmente podrido. Nadie está seguro de dónde se originó, pero las historias sobre él se contaban desde el principio.

¿Podrían haberlo puesto ahí los druidas para proteger la tierra? Tal vez el conde de Kildare lo colocó allí para ayudarlos a tomar el castillo desde adentro, después de todo, los rumores decían que él era un hombre de magia.

¿Quizás quedó un O'Carroll en el Castillo, o podría Mildred Darby haber convocado a este elemental durante uno de sus rituales ocultos? Estas son solo algunas de las teorías detrás de por qué podría haber un elemental residiendo en el Castillo.

14

Castillo de la buena esperanza

La capital de Sudáfrica es una ciudad portuaria llamada Ciudad del Cabo, que se encuentra en el punto más al sur del continente africano. Tiene algunos puntos de referencia definitorios, como el Parlamento de Sudáfrica, Robben Island, que entre muchas cosas, una vez fue una prisión que albergó a Nelson Mandela, y Table Mountain, que domina la mayor parte de la ciudad y tiene algunas leyendas e historias de fantasmas propias.

Justo debajo de Johannesburgo, Ciudad del Cabo es la segunda ciudad más poblada de Sudáfrica, y en 2014, tanto *The New York Times* como *The Daily Telegraph* la catalogaron como el mejor lugar del mundo para visitar.

. . .

También alberga el edificio más antiguo de Sudáfrica, el Castillo de Buena Esperanza. El castillo es un bastión que fue construido en 1666 por la Compañía Holandesa de las Indias Orientales. Ahora principalmente una atracción turística y un sitio del Patrimonio Nacional, el castillo fue una vez el lugar principal para las actividades gubernamentales y militares. Hasta la primera mitad del siglo XIX, fue incluso el hogar del gobernador del Cabo.

El castillo fue construido originalmente en respuesta a la amenaza de guerra entre Inglaterra y Holanda. Se deseaba una fortaleza más resistente, hecha de piedra, para brindar una mejor protección al asentamiento holandés. Comenzó la construcción, y mientras el gobernador Zacharias Wagenarr colocó las cuatro piedras angulares del castillo, la mayor parte del trabajo fue realizado por soldados y marineros.

Con el tiempo, debido a la participación militar del castillo, muchos prisioneros se mantuvieron allí. Una sección del castillo incluso fue conocida como "*Donker Gat*", que significa "Hoyo Negro" en holandés porque era una sala de mazmorras sin ventanas, que se usaba como cámara de tortura para muchos de los prisioneros allí detenidos.

. . .

En el invierno, en años anteriores, se registró que, debido a que el castillo estaba ubicado tan cerca del mar, la mazmorra se llenaba rápidamente con un metro de agua y los prisioneros encadenados a las paredes en ese momento se ahogaban.

Y como para hacer una historia aún más colorida, resulta que todavía hay muchas cosas desconocidas sobre este edificio, porque las renovaciones más recientes descubren continuamente habitaciones tapiadas, y los arquitectos creen que aún quedan muchas más por descubrir.

Entonces, por supuesto, debido a la extensa historia del castillo, ahora está más que un poco embrujado.

En la actualidad, todavía hay soldados que patrullan los terrenos, en su mayoría actuando como seguridad del lugar. El problema es que muchos de estos guardias tienen problemas con los turnos de noche. Muchos de ellos prefieren caminar por todo el perímetro de los terrenos del castillo cuando patrullan, en lugar de caminar por los pasillos interiores del castillo, debido a lo embrujado que se dice que está el lugar.

. . .

Una de las historias de fantasmas más famosas de este castillo, y quizás el mejor lugar para comenzar, es la del general Pieter Gysbert van Noodt. Van Noodt trabajó en el castillo en el siglo XVIII y, en abril de 1729, fue el responsable de condenar a muerte a siete soldados en la horca del castillo. Su crimen, según él, fue la deserción, pero según el consejo de ese momento, esta fue una condena injusta e incluso ilegal. Incluso había tenido que anular la decisión del consejo de dictar sentencias más indulgentes para que los hombres fueran ahorcados. Sin embargo, esto llegaría a ser una muy mala decisión por parte de van Noodt por algo más que motivos morales.

Cuando se acercó su turno para enfrentarse a la soga, uno de los soldados exigió a Van Noodt que fuera a ver los tapices. Cuando no lo hizo, el soldado usó sus últimas palabras para maldecir a Van Noodt, declarando que algún día se enfrentaría a la justicia divina. Al final resultó que, ese día, tan solo algunas horas después, Van Noodt fue encontrado muerto en su silla, desplomado sobre su escritorio. Congelado en su rostro había, supuestamente, una mirada de shock.

Ha habido muchos informes a lo largo de los años de avistamientos de van Noodt vagando por los pasillos del castillo, maldiciendo en voz alta.

. . .

Además del castillo, también se ha informado que frecuenta una casa cercana que se cree que está conectada al castillo por un pasadizo secreto. Se llama Rust-en-Veugd y se la conoce como la casa más encantada de Ciudad del Cabo.

Otra alma sin rumbo que se ha dejado vagar por los terrenos incluso después de su muerte es Lady Anne Barnard. Vivió en el castillo durante cinco años a partir de 1797. Ha sido un fantasma relativamente inofensivo y, sobre todo, parece interesada sólo en unirse a fiestas y funciones organizadas para personas importantes en el castillo. Mientras estuvo viva, fue la esposa del secretario colonial del castillo y la primera dama de la colonia. Ella fue la anfitriona de muchos eventos, y se cree que tal vez solo esté tratando de continuar con sus deberes en la otra vida. Cuando la descubren, a menudo se la ve con sus mejores vestidos de gala de esa época.

Mientras estaba viva, le gustaba bañarse en lo que se conocía como Dolphin Pool, y tras el descubrimiento y la restauración, hecho en gran parte debido a dibujos y descripciones escritas por la propia Lady Barnard del Dolphin Pool, aparentemente aumentó la probabilidad de ver a la mujer.

. . .

Ella fue una persona bastante alegre mientras estuvo viva, aparentemente podría haber pasado mucho tiempo bañándose desnuda en la piscina. Existe cierta controversia sobre este hecho, y algunos historiadores insisten en que habría sido demasiado escandaloso en ese momento, sin embargo, varios registros de Bath, Inglaterra, muestran que las mujeres británicas de la época no estaban tan abotonadas como las victorianas.

Dicho esto, Lady Barnard mantuvo un registro detallado de su vida en el castillo, y una sección la incluyó declarando que un oficial del castillo había expresado su malestar por su tendencia a sumergirse desnuda en la piscina, y luego hizo construir escaleras para que en su lugar, pudiera caminar hacia la piscina.

También se creía que se bañaba ocasionalmente en el arroyo de Table Mountain, por lo que un par de miserables escaleras en su piscina no parecieron detener sus deseos.

Otro dato interesante, es el hecho de que ella tenía cuarenta y tantos años cuando llegó por primera vez al castillo, y su marido era doce años menor que ella.

. . .

Desafortunadamente, las maldiciones del general van Noodt y la organización fantasmal de la fiesta de Lady Barnard no están ni cerca de ser la única actividad en el castillo, aunque sí se encuentran en el lado más dócil de las cosas. Si bien se han detectado muchos espíritus inofensivos, incluido el fantasma de un perro negro que, según los informes, patrulla los terrenos del castillo, también hay muchos avistamientos y encuentros más espeluznantes.

Una noche, o mejor dicho, en las primeras horas de la mañana, unos guardias patrullaban el castillo cuando uno de ellos escuchó gritos de auxilio provenientes del calabozo y las cámaras de tortura. Sin embargo, al investigar, el guardia encontró las habitaciones vacías, al menos hasta lo que él pudo ver.

Dijo haber sentido una presencia distinta con él en la habitación y un repentino escalofrío.

Además, muchos guardias, especialmente los que están en el turno de noche, se niegan a patrullar más allá del Donker Gat, describiendo la sensación de una fuerza poderosa que parece intentar succionarlos dentro del agujero.

. . .

Quizás la parte más interesante de este lugar es que las historias y experiencias de fantasmas parecen provenir de muchas personas diferentes con varias razones para estar en el castillo. Guardias, empleados, visitantes, turistas, etc.

Un informe particularmente extraño llegó en 1952 de una pareja a la que se le dio un permiso especial para pasar la noche en el castillo, durante el Festival van Riebeeck.

En medio de la noche, un cabo de lanza los despertó repentinamente de su sueño y se apresuró a llamar a los soldados para que se despertaran. La pareja preguntó qué estaba pasando y él dijo que los choferes y conductores de autobuses estaban en las calles y que tenían que apurarse para levantarse. Sin embargo, al salir corriendo, no sucedía nada y el cabo se había ido. Por la mañana, la pareja preguntó al personal qué sucedió, pero el personal no tenía idea de a qué se referían.

Con una historia tan larga y rica de personas que han entrado y salido del castillo, y todos los usos enormemente diferentes por los que ha pasado, no es de extrañar que haya tantos fantasmas que ahora deambulan por los pasillos entre los vivos.

15

Vicaría Encantada de Borgvattnet

En los bosques profundos de Jämtland se encuentra una vicaría solitaria. A primera vista, esta antigua casa de campo puede no parecer mucho para el mundo, pero este lugar tiene un pasado oscuro que palidece en comparación con muchos otros lugares de Suecia.

Las frágiles paredes de madera y los pisos crujientes han sido, durante más de 100 años, escenario de eventos trágicos y actividad paranormal.

De hecho, la vicaría de Borgvattnet se considera el lugar más embrujado de Suecia y con frecuencia aparece en las listas de algunos de los lugares más embrujados del mundo.

. . .

Hace más de 250 años, los primeros habitantes de lo que eventualmente sería la pequeña ciudad de Borgvattnet se mudaron a la zona. Al igual que con la mayoría de las ciudades nuevas en ese momento, una iglesia fue una de las primeras estructuras que se construyó. Para cualquier sacerdote que decidiera aceptar un trabajo en una iglesia, era costumbre conseguir una pequeña granja o un terreno para vivir y cultivar, que es como se construyó la vicaría de Borgvattnet.

En el año 1876, el primer sacerdote de Borgvattnet se trasladó a la vicaría. Un total de 15 sacerdotes vendrían a vivir aquí antes de que el último finalmente se hubiera cansado de las actividades fantasmales y decidiera mudarse, sin ningún otro sacerdote dispuesto a hacerse cargo. Lo que llegó a ser la gota que colmó el vaso sigue siendo una de las historias de fantasmas más famosas de la casa.

Aunque los primeros informes de apariciones en la vicaría fueron hechos por un sacerdote en 1927, no fue hasta que el último sacerdote de Borgvattnet, Erik Lindgren, se mudó a la vicaría en 1945, que se supo públicamente que los terrenos estaban encantados.

. . .

Durante una reunión celebrada por la Sociedad Agrícola del Condado de Jämtland en diciembre de 1947, un reportero de un periódico local se había enterado de los rumores de la vicaría encantada en la ciudad y le preguntó sin rodeos a Erik Lindgren sobre sus experiencias. Era seguro decir que Erik no solo había documentado sus experiencias, sino que también estaba dispuesto a hacerlas públicas.

Según Lindgren, una de las experiencias más inquietantes que tuvo mientras vivía allí fue cuando una noche, una fuerza desconocida, lo arrojó repentinamente de su mecedora y terminó en el suelo. Según las notas de Lindgren, nunca pudo sentarse en la silla por mucho tiempo antes de que lo arrojaran.

Pronto, las historias de Borgvattet se convertirían en una sensación nacional. Después de toda la publicidad, los sacerdotes e invitados anteriores que habían pasado la noche en la casa comenzaron a contar sus propias historias. Dado que los fantasmas o la actividad paranormal no se ven favorablemente en la religión cristiana, habría habido muchas razones para que los sacerdotes anteriores no quisieran abrirse sobre sus experiencias paranormales.

. . .

Uno de los sacerdotes recordaría un momento en que vio a una dama vestida de gris aparecer en una esquina de la habitación en la que estaba sentado. Caminaría lentamente hacia él solo para cambiar repentinamente de dirección y caminar hacia otra habitación. Mientras se levantaba para seguirla, se dio cuenta de que la habitación a la que ella había entrado estaba vacía.

Cualquier visitante que pasara la noche en una habitación ahora conocida como 'el baño de mujeres lloronas' recordaría despertarse en medio de la noche, con la sensación de ser observado. Mientras se sentara, vería tres figuras sentadas en un sofá y mirándole directamente. Según un invitado, constantemente se pellizcaba en el brazo para asegurarse de que estaba despierto, y cuando nada parecía ayudar, se volvía hacia el despertador y lo activaba. Seguro de que estaba despierto y no soñaba, afirmó estar seguro de que las mujeres estuvieron sentadas frente a él toda la noche, mirándole.

Nadie sabe realmente cómo comenzaron estas apariciones, pero la historia más aceptada es que uno de los primeros sacerdotes que vivió en Borgvattnet tuvo una relación sexual con una joven local. No está claro si se trataba de una relación consensuada o si fue violada. Al enterarse de que la joven de 19 años quedó embarazada, el sacerdote la encerró en un recinto en el patio trasero.

También fue en el mismo patio trasero donde la niña enterraría a su hijo justo después de matarlo. No está claro si la joven salió con vida del recinto o si corrió la misma suerte que su hijo.

Hay algunas historias más inquietantes sobre Borgvattnet que se pueden encontrar en línea, algunas más inquietantes que otras. Independientemente de si crees en los fantasmas o no, una cosa es segura: se necesita tanto coraje para pasar la noche en el lugar más embrujado de Suecia hoy como hace cien años.

16

Castillo Franklin

Cuando conduces por el Boulevard Franklin en Cleveland, lo último que esperarías ver es un castillo. Pero, de nuevo, cuando se habla del infame Castillo de Franklin, todo es posible. A menudo referida como la casa más encantada de todo Ohio, los rumores susurrados sobre el castillo de Franklin comenzaron casi tan pronto como Hannes Tiedemann lo construyó.

Tiedemann, un exitoso banquero alemán que había fundado *Euclid Avenue Savings & Trust* estaba buscando una casa única que también reflejara su éxito recién descubierto como banquero. En conjunto con la famosa firma de arquitectos de *Cudell y Richardson*, Tiedemann consiguió lo que estaba buscando.

. . .

Cuando se completaron los acuerdos, el castillo de Franklin con torretas de cuatro pisos se construyó con cerca de 30 habitaciones, un gran salón de baile que ocupaba todo el cuarto piso e incluso una cochera.

El exterior de la casa estaba adornado con gárgolas y tallas intrincadas llenaban el interior. El último piso del castillo también ofrecía maravillosas vistas tanto del centro de Cleveland como del lago Erie.

Al finalizar, Tiedemann se mudó con su esposa, Luise, al castillo de Franklin junto con su madre, Wiebeka, y varios sirvientes. Los primeros años en Franklin Castle fueron felices para la familia Tiedemann y estuvieron marcados por el nacimiento de varios hijos. Pronto, sin embargo, una nube oscura llegaría a asentarse sobre el Castillo.

A partir de 1881, la tragedia comenzó a acechar a la familia Tiedemann. La madre de Tiedemann, Wiebeka, y su hija, Emma, de 15 años, murieron con pocas semanas de diferencia. A pesar de que la muerte de Wiebeka fue por causas naturales y se creía que la de Emma era el resultado de la diabetes, las muertes dieron a luz no solo a la leyenda de una maldición, sino también a los rumores de que Hannes Tiedemann era un hombre controlador y malvado.

La leyenda dice que fue durante este tiempo que se construyeron las infames habitaciones ocultas y pasillos secretos dentro del Castillo de Franklin. Por qué fueron creados es algo que está abierto a debate, algunos dicen que fueron creados por Tiedemann simplemente como una forma de distraer a su esposa de la reciente muerte de su hija.

Otros, sin embargo, dicen que las habitaciones y los pasillos fueron diseñados para que Tiedemann pudiera cometer crímenes atroces, incluido el asesinato de su sobrina, una sirvienta e incluso su propia hija, Emma, sin ser culpado.

Todavía hay otros que se mantienen firmes en la creencia de que la propia Sra. Tiedemann hizo que se crearan los pasajes para poder pasar a hurtadillas junto a su autoritario esposo sin ser detectada.

Cuando Luise Tiedemann falleció en 1895, su muerte también se atribuyó a la maldición o, peor aún, al asesinato a manos de su esposo, Hannes, quien se volvió a casar poco después. Después de la muerte de Luise, Hannes vendió Franklin Castle a un cervecero local llamado Mullhauser y se mudó.

. . .

Algunos dicen que incluso el hecho de que Hannes abandonara el castillo no fue suficiente para escapar del poder de Franklin Castle y, en 1908, el hombre murió repentinamente. Increíblemente, la muerte de Hannes provocó el fin del árbol genealógico de Tiedemann, ya que el resto de la familia entera de Hannes, incluidos sus nietos, habían fallecido antes que él.

Aparentemente, la maldición se tomó un tiempo libre durante la estadía del Mullhauser en el Castillo. Pero en 1913, regresó con una venganza cuando el castillo fue vendido al Partido Socialista Alemán. Oficialmente utilizado solo como lugar para fiestas y reuniones, rápidamente comenzaron a extenderse rumores de que los alemanes en realidad estaban usando el castillo como un lugar de espionaje. Incluso se dice que años más tarde, una radio alemana de onda corta se encontraría escondida en las vigas.

Se dice que los infames pasillos ocultos fueron utilizados por un grupo clandestino de nazis para ametrallar a un gran grupo de personas. Durante la Prohibición, supuestamente se construyó un nuevo túnel que iba desde el sótano del castillo o la cochera hasta el lago Erie.

. . .

En enero de 1968, los socialistas alemanes vendieron el castillo de Franklin a James Romano. Casi inmediatamente después de mudarse a la casa, los miembros de la familia comenzaron a experimentar cosas extrañas. Los niños Romano solían hablar de su nuevo amigo con el que jugarían en el salón de baile del cuarto piso; a menudo, los niños le pedían a su madre galletas extra para sus misteriosos amigos.

La Sra. Romano también comenzó a sentir la presencia de la Sra. Tiedemann en el hogar y también a escuchar música de órgano proveniente de diferentes áreas del hogar. Buscando explicaciones, la familia se puso en contacto con la Sociedad de Investigación Psíquica del Noreste de Ohio, un equipo local de cazadores de fantasmas, para investigar el Castillo. Si hay que creer en las historias, uno de los cazadores salió corriendo y gritando desde el castillo de Franklin en medio de la investigación.

Poco después de la investigación, los Romano acudieron a un sacerdote católico en busca de ayuda, quien supuestamente se negó a bendecir la casa por lo que sintió cuando entró al castillo de Franklin.

Después de soportar varios años más de actividad fantasmal, los Romano finalmente decidieron vender la casa.

En 1974, el castillo Franklin fue vendido a la familia que, por sí sola, traería la leyenda del castillo a un primer plano; los Muscatello.

Según todos los informes, Sam Muscatello estaba demasiado ansioso por sacar provecho de las leyendas del castillo de Franklin. Ofreciendo recorridos por la casa, Sam también invitó a miembros de los medios de comunicación para realizar recorridos. Durante un segmento en vivo en la radio de Cleveland, al presentador John Webster le sacaron una grabadora de su hombro y la arrojaron por una escalera. En otra ocasión, durante la grabación de una pieza de televisión local, un miembro del equipo llamado Ted Opecec fue testigo de cómo una luz del techo giraba por sí sola.

Muscatello también comenzó a registrar la casa de arriba a abajo en busca de más de los supuestos pasadizos secretos. Su primer descubrimiento fue un viejo alambique que parecía ser un sobrante de los días de la Prohibición. El descubrimiento más impactante, sin embargo, se encontró detrás de un panel oculto en la torre. Escondido cuidadosamente dentro de éste, había un montón de huesos humanos.

. . .

Aunque pocos niegan que se extrajeran huesos humanos reales del castillo de Franklin, se ha debatido durante mucho tiempo a quién pertenecían y cómo terminaron allí. Por supuesto, la mayoría tomó los huesos como prueba de que Hannes Tiedemann estaba involucrado en actividades asesinas. Algunos, sin embargo, creían que el propio Muscatello escondió los huesos allí como "prueba" de las apariciones del castillo de Franklin. El veredicto final de las autoridades fue simplemente que los huesos eran realmente humanos y que eran muy viejos.

Incapaces de hacer del castillo Franklin el éxito embrujado que estaban buscando, la familia Muscatello finalmente decidió vender el inmueble. A partir de ahí, el castillo pasó rápidamente a través de una serie de propietarios, incluido Richard Hongisto, el entonces jefe de policía de Cleveland, que fue dueño del lugar durante menos de un año. Hongisto y su familia duraron menos de un año en el castillo antes de venderlo a George Mircata, quien fue su propietario hasta 1984.

A principios de 1984, Michael DeVinko compró el castillo Franklin y casi de inmediato realizó importantes renovaciones en la casa.

. . .

Durante los siguientes 10 años, DeVinko gastó cerca de un millón de dólares renovando el castillo, llegando incluso a rastrear algunos de los muebles originales. A pesar de todo esto, DeVinko decidió mudarse y poner la casa a la venta en 1994.

Durante los siguientes 5 años, el edificio estuvo vacío hasta abril de 1999, cuando Michelle Heimburger, quien había estado fascinada con la casa desde que era una niña, la compró con la intención de restaurarla a su antiguo yo. Además, Heimburger lanzó *franklincastle.com*, en donde narraba sus renovaciones y planes para el Castillo. Lamentablemente, lo que comenzó como un renacimiento emocionante y fascinante de la leyenda y la tradición del castillo de Franklin se derrumbó la noche de noviembre de 1999, cuando estalló una serie de incendios dentro del castillo.

Cuando llegaron los bomberos, encontraron a un hombre inconsciente dentro del edificio y lo llevaron a un lugar seguro. En un extraño giro de los acontecimientos, el hombre finalmente fue arrestado, acusado y condenado por provocar los incendios que destruyeron casi todo el salón de baile del cuarto piso.

. . .

En julio de 2003, los periódicos de Cleveland se llenaron de informes de que Franklin Castle había sido vendido a un caballero que planeaba convertirlo en un club de cenas. Llamando a su esfuerzo *Franklin Castle Club*, se enviaron por correo electrónico invitaciones para la membresía y se dijo que estaban en marcha planes para renovaciones importantes. Se dijo que la apertura del Club estaba programada para mayo de 2004. Pero nada relacionado con Franklin Castle es fácil y la venta se empantanó rápidamente en la burocracia.

En la actualidad, el castillo se ve muy parecido a lo que era después de que se hicieran las reparaciones originales después del incendio. Las ventanas todavía están tapiadas y un letrero de *franklincastle.com* desgastado por el clima todavía cuelga en la entrada. Solo unas pocas plantas en macetas, muertas hace mucho tiempo y en descomposición lenta en el jardín delantero, dan alguna indicación de que alguien ha estado allí en los últimos años.

Los únicos signos de vida alrededor del Castillo provienen de las personas que ocasionalmente caminan arriba y abajo por la acera del Boulevard Franklin, algunos se detienen para mirar o tomar una foto o dos.

. . .

Todo el tiempo, el castillo Franklin permanece silencioso y fuerte, esperando pacientemente a alguien lo suficientemente valiente como para ignorar los rumores sangrientos y las historias de fantasmas y restaurarlo a su antigua gloria.

17

Casa Drish

En Tuscaloosa, Alabama, se encuentra la restaurada casa Drish, una casa señorial que ahora ocupa un lugar en el Registro Nacional de Lugares Históricos. Sin embargo, la casa no siempre ha sido una prioridad para la conservación. De hecho, la casa Drish ha cambiado de propietarios muchas veces desde la trágica muerte de sus dueños originales, y algunos piensan que esto tiene que ver con las historias de su embrujo.

Construida en el transcurso de dos años a partir de 1837, la Casa Drish perteneció al dueño de esclavos John Drish y a su esposa Sarah. El matrimonio fue un segundo para ambos; sus primeros esposos habían muerto, y el marido de Sarah la había dejado bastante rica.

. . .

Los esclavos de Drish fueron fundamentales en la construcción del nuevo hogar, y gran parte de su rica arquitectura se puede atribuir a su trabajo.

En 1867, ocurrió la tragedia. Se dijo que Drish, un presunto alcohólico, estaba recuperando la sobriedad después de una noche de beber cuando "sintió temblores" y, en un estado alucinatorio, cruzó un pasillo corriendo y se arrojó desde el balcón del piso de arriba, matándose al impactar en el fondo de las escaleras.

Sarah, ahora viuda por segunda vez, estaba devastada.

Drish había dejado elaboradas solicitudes de entierro para su funeral, y se aseguró de que se cumplieran al pie de la letra. Sin embargo, después de su muerte, la viuda se obsesionó con su dolor. Sarah insistió en que cuando muriera, recibiría el tratamiento exacto de su esposo; incluso guardó las velas que se habían usado en su velatorio para que pudieran arder en su funeral. Sin embargo, cuando Sarah murió en 1884, había escondido las velas tan bien que nadie pudo encontrarlas y honrar su último deseo.

. . .

Muchos ven esta falta de cumplimiento de la última petición de una mujer afligida como la chispa que encendió las apariciones de Drish House. Poco después de la muerte de Sarah, un lugareño se alarmó al descubrir un incendio en la torre delantera de la casa. Se hizo una llamada de emergencia, sin embargo, cuando llegaron los socorristas, no encontraron ningún fuego ardiendo.

Estos avistamientos de fuego fantasmal sucedieron repetidamente. Algunos supusieron que fue el espíritu de Sarah que permanecía en la torre lo que prendió fuego al espacio, enojado (o decepcionado) porque las velas de su esposo no se habían quemado en su propio funeral.

La casa cambió de propietario varias veces en los años siguientes. El edificio se utilizó como apartamentos durante la expansión de la población de Tuscaloosa, como una escuela propiedad de la Junta de Educación de Tuscaloosa, como empresa de demolición y como iglesia, tiempo durante el cual se construyó una estructura adyacente para albergar varias clases de escuela dominical.

Estas transiciones llevaron la casa a finales del siglo XX.

. . .

Cuando la iglesia finalmente cerró en 1995 por razones financieras, la vieja Casa Drish cayó en el abandono y finalmente fue condenada por la ciudad.

Todo eso cambió con el nuevo milenio. Primero, la Sociedad de Preservación del Condado de Tuscaloosa se hizo cargo de la casa y realizó las reparaciones iniciales antes de venderla a un propietario privado. En 2008, después de que la casa fuera arreglada hasta un punto de seguridad, se permitió el ingreso a un equipo de investigadores paranormales para examinar la supuesta actividad paranormal. Si bien no hubo avances importantes, el equipo capturó alguna actividad anómala y se vio reforzado por el hecho de que finalmente habían obtenido acceso a la casa después de años de estar fuera de los límites.

En 2015, se supo que Drish estaba volviendo a la vida.

Para 2016, el nuevo propietario había restaurado la finca y la había abierto al público como lugar de interés histórico y cultural. Ahora puedes organizar un evento corporativo, una fiesta o, si tú y tu pareja son fanáticos de la historia con un gusto por lo paranormal, una boda.

. . .

Aquellos que tengan curiosidad por visitar deben dirigirse a la página de Facebook de la casa, que brinda detalles sobre cómo reservar el espacio. Si decides entrar en Drish House de Tuscaloosa, vigila su torre. El espíritu atribulado de Sarah puede quedarse en la ventana.

18

Casa Winchester

Ha pasado casi un siglo desde que cesaron las sesiones y los martillos se quedaron en silencio en la extensa y misteriosa Casa Winchester de Sarah Winchester. Sin embargo, la pregunta sigue siendo: ¿fue un trabajo de amor o de locura? La extraña historia de la estructura comienza el 30 de septiembre de 1862, cuando una joven llamada Sarah Lockwood Pardee se casó con una dinastía estadounidense.

Su esposo William Wirt Winchester era hijo de Oliver Fisher Winchester, fundador de la floreciente *Winchester Repeating Arms Company*. El modelo .44-40 del fabricante de armas tuvo tanto éxito que se conoció como "La pistola que ganó el oeste".

. . .

Sarah y William eran felices juntos, viajando entre los círculos sociales más ricos de Nueva Inglaterra. Con el nacimiento de su hija, Annie, en el verano de 1866, parecía que la vida era perfecta. Pero los días felices de la pareja casada se oscurecieron cuando su pequeña hija murió de marasmo, solo unas semanas después de su nacimiento.

La muerte golpeó nuevamente en diciembre de 1880, cuando Oliver Winchester falleció a la edad de 70 años.

Luego, en marzo de 1881, William Wirt Winchester sucumbió a la tuberculosis. La serie de fatalidades devastó a Sarah y la asustó haciéndola creer que ella podría ser la próxima.

La viuda buscó el consejo de una clarividente en Boston, quien le informó que su familia estaba maldita. ¿Quién o qué estaba detrás del encantamiento?

En cuanto al por qué, podría ser el número incalculable de víctimas abatidas a tiros por rifles Winchester.

. . .

Según la clarividente, solo había una forma de apaciguar los espíritus enojados de los indios americanos asesinados y los soldados caídos de la Guerra Civil: dirigirse hacia el oeste y construir una casa monstruosa. Si cesaba la construcción, los espíritus vendrían por ella.

Entonces Sarah Winchester dejó Connecticut y visitó a su sobrina en Menlo Park, California. En 1884, encontró una pintoresca casa de campo cerca de San José, California. Fue aquí donde sentó las bases de lo que se convertiría en la misteriosa Casa del Misterio de Winchester.

La construcción comenzó de inmediato, equipos rotativos de trabajadores de la construcción operaban las veinticuatro horas del día. El dinero no era un problema para la viuda de Winchester: Sarah heredó casi la mitad de *Winchester Repeating Arms Company* tras la muerte de su esposo y padrastro, ganando alrededor de $2,000 por día.

La dueña de la casa era una figura solitaria. Según los informes, llevaba un velo oscuro todos los días y despedía a los sirvientes que sin darse cuenta le veían la cara. Los planos oficiales nunca se utilizaron para la construcción, en cambio, Sarah se comunicó con los muertos por su dirección arquitectónica.

. . .

Cada noche ella entraba en su sala de sesiones y llamaba a los espíritus tocando la campana de una torre a la medianoche. Después de recibir sus órdenes y escribirlas en un bloc de papel, Sarah despedía a los espíritus dos horas después. Al día siguiente, distribuía sus instrucciones escritas a mano al equipo de trabajadores desconcertados.

Se construyeron escaleras que terminaban abruptamente en el techo. Las puertas se abrían a paredes, pasillos sin salida o peligrosos desniveles de tres pisos. Se agregaron nuevas cámaras extrañas al diseño original. Con los años, el otrora modesto domicilio se convirtió en una extensa finca de siete pisos.

Los toques característicos de Sarah se pueden encontrar en toda la mansión, en particular, su obsesión con las telas de araña y el número 13. Reelaboró un candelabro invaluable para contener 13 velas en lugar de las 12. Los ganchos de pared se instalaron en múltiplos de 13; las tapas de desagüe del fregadero poseían 13 orificios.

Se instalaron vidrieras brillantes que contenían un patrón de tela de araña diseñado por la propia Sarah.

. . .

No todos los adornos arquitectónicos de la mansión eran tan inquietantes; muchos, de hecho, eran bastante modernos. Sarah, que sufrió artritis en años posteriores, construyó una escalera única con escalones más pequeños para adaptarse a su limitado rango de movimiento. El vapor y el aire forzado calentaron el suministro de agua de la mansión y sus numerosas habitaciones. Se instaló plomería interior y los pasillos se iluminaron con luces de gas con botones.

La construcción en Winchester duró 38 años. En total, la mansión contiene 2,000 puertas, 10,000 ventanas, 47 escaleras, 47 chimeneas, 17 chimeneas, 13 baños, 6 cocinas, 2 sótanos y 3 ascensores.

En la mañana del 5 de septiembre de 1922, Sarah Winchester fue encontrada muerta en uno de sus muchos dormitorios. Tenía 82 años. Al escuchar la noticia, los trabajadores dejaron caer sus herramientas y abandonaron el sitio, todavía se pueden encontrar clavos a medio martillar en las paredes.

La dueña de la casa legó sus posesiones a su sobrina, pero nunca mencionó la propiedad en su testamento.

. . .

La mansión fue subastada al mejor postor, quien pronto abrió sus puertas al público; los primeros espectadores entraron pocos meses después del fallecimiento de Sarah.

Hoy en día, la Casa del Misterio de Winchester está incluida en el Registro Nacional de Lugares Históricos de EE. UU. y ofrece visitas guiadas para todos aquellos intrigados por su misterio.

En octubre de 2016, se supo que se había descubierto una habitación previamente oculta en el ático de la mansión. Según se informa, Sarah Winchester quedó atrapada en la habitación durante el gran terremoto de San Francisco de 1906, y luego tapó la cámara porque creía que estaba maldita.

Los conservacionistas de la actualidad descubrieron una gran cantidad de elementos históricos en el interior, incluido un órgano de bomba, una máquina de coser, un sofá victoriano y pinturas. Eso eleva el total de habitaciones de la mansión a un vertiginoso 161. Claramente, la Casa Misteriosa de Winchester todavía contiene sus secretos.

19

The Grove

Desde el exterior, *The Grove*, una encantadora residencia de un solo piso influenciada por el renacimiento griego y con encuentros con el criollo francés, ubicada en Jefferson, Texas, grita la hospitalidad sureña. Sin embargo, la larga historia de actividad paranormal de la casa cuenta una historia diferente, lo que le valió el apodo del lugar más embrujado del estado de la estrella solitaria.

Aunque la casa, que se rumorea que está ubicada en un área donde ocurrieron muchos asesinatos, se remonta a 1861, la actividad paranormal parece tener su origen en la señorita Louise Young. Educadora en Jefferson, Young vivió toda su vida en *The Grove*, desde principios del siglo XX hasta su muerte en 1983 a la edad de 96 años.

. . .

Young se refirió descaradamente a los no invitados en su casa como "fantasmillas". Pero a medida que pasaban los años, se asustó con las figuras oscuras que flotaban en su casa. Hizo que las puertas se cerraran con cerraduras resistentes, iluminó su patio con luces de seguridad y repetidamente llamó a la policía sobre intrusos que nunca dejaban rastro. Eventualmente, ella anidó en solo unas pocas habitaciones de la casa y dejó que el resto de la propiedad se deteriorara.

Luego vino la familia Grove, que se mudó a la casa después de la muerte de Young en 1983; su nombre es simplemente una coincidencia. Según cuenta la historia, los Grove compraron la casa después del fallecimiento de Young y comenzaron la limpieza inicial, pero una enfermedad en la familia los obligó a entregar la casa al mercado.

Podrías quedarte con esa explicación de su partida. Pero preferimos la versión de la Sra. Grove. Una noche antes de acostarse, planeó tener un encuentro con un buen libro, pero se quedó dormida. Más tarde se despertó con voces y pasos incorpóreos, figuras moviéndose y una masa negra gigante flotando sobre ella. Ya sea que su encuentro fuera real o una pesadilla, los Grove huyeron de su hogar en Jefferson poco después.

. . .

Tal experiencia plantea la pregunta: ¿Quiénes son los espíritus que acechan en The Grove? Uno de los residentes eternos más famosos es una Dama de Blanco. Su presencia espectral a menudo se asocia con Patrick Hopkins, un chef que compró *The Grove* en 1990 en circunstancias misteriosas.

A punto de comprar una propiedad en Atlanta, Hopkins le dio a Jefferson, Texas, una última mirada. A mitad de camino de la calle Moseley escuchó un incorpóreo "¡Hey!" y se encontró en la acera de una casa del Renacimiento griego en venta. Tentado, llamó a la inmobiliaria, consiguió que su socio comercial y su hermana se unieran, e incluso se le ocurrió un nombre para el restaurante que pronto abriría: *The Grove* (la arboleda). Es un apodo que se le ocurrió antes de descubrir que los nombres de los propietarios anteriores eran el Sr. y la Sra. Grove (otra coincidencia más).

Aunque la Sra. Grove le advirtió sobre la historia encantada de la propiedad, Hopkins siguió adelante y empleó a un equipo para ayudar a renovar el espacio. No pasó mucho tiempo antes de que ellos también sintieran una fuerza oscura en acción. Uno de los hombres describió pesadillas que lo despertaban todas las noches a las 3 de la mañana, las visiones eran tan intensas que no podía volver a dormirse hasta el amanecer.

El fenómeno de la pesadilla afligió a Hopkins, a su hermana y también a su sobrino.

Entonces, el contratista principal del equipo, Billy Ford, se encontró cara a cara con la Dama de Blanco. Ford afirmó haber visto desaparecer su aparición grisácea cerca del frente de la casa, un encuentro que compartió con Hopkins.

Sin inmutarse, Hopkins continuó, y finalmente abrió su restaurante. En 1993, se produjo otro avistamiento de la Dama de Blanco, de una empleada llamada Jennifer (apellido desconocido). Trabajaba como técnica de iluminación del teatro de la cena de *The Grove* cuando una noche en el porche, sintió una presencia mirándola. Efectivamente, fue la Dama de Blanco, quien luego despegó por el lado este de la casa.

Cuando Jennifer la siguió, la Dama de Blanco desapareció en lo que parecía el costado de la casa. Aparentemente, una puerta estuvo una vez en el lugar donde el espíritu desapareció, abriéndose a la Habitación Azul de la casa.

. . .

Eventualmente, Hopkins cerró su restaurante y *The Grove* cambió de manos a Mitchel y Tami Whitington, quienes compraron la casa en 2002. La pareja - él es un autor e investigador paranormal, ella una maestra en Jefferson High School - ofrecen recorridos por The Grove, ambos con tintes históricos y sobrenaturales.

Los huéspedes pueden ver a la Dama de Blanco paseando por los jardines, especialmente en el lado este de la propiedad. Olores extraños, algunos agradables (perfume de mujer), otros fétidos, cuelgan de los pasillos. Más recientemente, esta presencia sobrenatural se ha vuelto acuosa. Huellas húmedas marcan el pasillo, mientras que las gotas de agua salpican espejos al azar y salpican la escalera.

Si haces una visita a este lugar, te recomiendo que tengas en cuenta esa escalera de agua. Un mal paso y podrías unirte a las filas de fantasmas que acechan en Grove.

20

Mansión Summerwind

En lo profundo de los bosques que bordean las orillas del lago West Bay se encuentran los restos de la Mansión Summerwind. Se dice que durante mucho tiempo fue la casa más encantada de Wisconsin, las leyendas que rodean la casa son tan abundantes como los propietarios que han tratado de vivir dentro de sus muros.

Si bien las historias espeluznantes sobre la casa aún persisten en sus terrenos, no se puede decir lo mismo de las personas que intentaron llamar hogar a Summerwind.

Hoy, el lugar está en ruinas, quemado hasta los cimientos después de ser alcanzado por un rayo.

. . .

Mucho antes del incendio, la casa acogió a espíritus inquietos, actividad demoníaca, descubrimientos espeluznantes e incluso un caso misterioso de una calavera desaparecida. La casa puede haber desaparecido, pero los muchos misterios de la mansión de Summerwind permanecen esperando ser revelados.

Parece que la casa estuvo encantada desde el principio. El secretario de Comercio de Estados Unidos, Robert Lamont, fue el primer propietario y la adquirió en 1916.

La casa se utilizó como casa de vacaciones para Lamont y su familia. Durante los siguientes 15 años, la familia experimentó algunos sucesos extraños dentro de las paredes del refugio aparentemente pacífico.

Mucho después de mudarse, los Lamont comenzaron a compartir historias extrañas con sus amigos y vecinos.

Hablaron de objetos que se movían por sí mismos, ruidos inexplicables que resonaban en habitaciones aparentemente vacías y sombras que revoloteaban de una habitación a otra.

. . .

Aunque la familia encontró extraños estos sucesos, nunca fueron suficientes para evitar que los Lamont visitaran la casa. Es decir, hasta una tarde en que los fantasmas de Summerwind se dieron a conocer.

De acuerdo con Lamont, él y su esposa estaban cenando una noche en la cocina cuando la puerta del sótano se abrió por sí sola. Sobresaltada, la pareja vio con horror cómo la aparición de un hombre se materializaba desde el sótano.

Creyendo que el espectro era un intruso, Lamont tomó su arma y disparó dos tiros. Cada bala atravesó la misteriosa figura sin ningún efecto. La pareja huyó y nunca regresó a la casa. Los agujeros de bala de los disparos quedaron en la puerta del sótano, una huella duradera de su tiempo en la casa.

Después de permanecer vacío durante años, Summerwind se vendió en la década de 1940 a la familia Keefer.

Los Keefer también usaban la casa como casa de vacaciones y, a veces, alquilaban la gran propiedad a los visitantes.

· · ·

Muchos inquilinos afirmaron que la Sra. Keefer rara vez ponía un pie dentro de la casa, por lo general entregaba las llaves a los invitados y los dejaba solos. A principios de la década de 1970, la casa fue nuevamente puesta a la venta y comprada por una nueva familia. Con la llegada de los Hinshaw, la inquietud de la mansión Summerwind comenzó de nuevo.

Arnold y Ginger Hinshaw se mudaron a la casa con sus seis hijos con la intención de restaurar la ruinosa casa a su antigua gloria, pero no pudieron encontrar ningún contratista local dispuesto a ayudarlos por temor a la casa y su reputación encantada. Sin inmutarse, la familia decidió hacer el trabajo por sí misma.

Arnold descubrió un espacio de rastreo oculto mientras pintaba el armario de un dormitorio. Incapaz de encajar dentro, envió a su hija menor, Mary, a investigar. Dentro de la habitación sellada, descubrió un montón de huesos y un cráneo humano con el pelo negro anudado todavía adherido.

Volvieron a colocar el cráneo y sellaron el espacio de acceso sin alertar a las autoridades.

. . .

Años más tarde, reabrirían el espacio de rastreo y encontrarían solo un espacio vacío. El cráneo y los huesos aparentemente se habían desvanecido en el aire.

Ginger y sus hijos comenzaron a sentir que los estaban observando en la casa. Luego, se escucharon ruidos inexplicables provenientes de habitaciones vacías. Los muebles y objetos se movieron sin nadie cerca. Una tarde, la aparición de una mujer se develó ante Ginger en el comedor.

Arnold también se vio atormentado por los espíritus. Comenzó a sufrir de insomnio y, según los informes, empezó a tocar el órgano Hammond en horas extrañas de la noche. Afirmó que la música mantenía a raya a los demonios. Cuando Arnold perdió su trabajo, la pareja comenzó a tener problemas matrimoniales.

Finalmente, debido al estrés de los meses anteriores, Ginger comenzó a contemplar el suicidio. La familia no pudo más, después de solo seis meses, sus esperanzas de convertir la casa en el hogar de sus sueños se habían convertido en una pesadilla viviente. Ginger y los niños se mudaron a vivir con los padres de la mujer. Poco después, Arnold también se fue, dejando la propiedad vacía y abandonada una vez más.

Unos años más tarde, aparentemente sin darse cuenta de las desgarradoras experiencias de su hija en la casa, Raymond Bober, el padre de Ginger, decidió que compraría la propiedad, terminaría la renovación y la convertiría en un restaurante y una posada.

Durante la construcción del restaurante, el hermano de Ginger supuestamente vio una aparición en el segundo piso. Bajó corriendo al primer piso, donde fue testigo de una obsesión residual en forma de una "repetición" de la confrontación de los Lamont con el fantasma en la cocina. Incluso informó haber escuchado los disparos y oler pólvora. Como otros antes que él, se fue y se negó a regresar.

Los trabajadores de la construcción y los contratistas se quejaron con Bober de que sus herramientas y planos desaparecieron. Más extraño aún, afirmaron que las dimensiones en varias habitaciones parecían cambiar a medida que trabajaban, sin coincidir nunca con los planos o dimensiones que acababan de registrar. Incapaces de trabajar con los extraños sucesos, muchos trabajadores abandonaron el proyecto y se negaron a volver a entrar en la casa.

. . .

Fascinado por la actividad paranormal que estaba ocurriendo, Bober comenzó a comunicarse con los espíritus usando tablas Ouija. Incluso se sometió a una sesión de hipnosis en nuevos intentos de contactarlos.

Posteriormente, describió lo ocurrido mientras estaba bajo la influencia de la hipnosis, detallando un viaje metafísico al sótano de la propiedad, donde encontró la escritura de la casa. Estaba firmado por un hombre llamado Jonathan Carver.

Bober llegó a creer que Carver era un hombre de la frontera que no solo construyó la casa, sino que también poseía, en un momento, un tercio de la tierra de Wisconsin. Sin embargo, después de buscar en el sótano, el documento nunca se recuperó. Finalmente, el proyecto se abandonó por completo. Raymond Bober escribió un libro en 1979 titulado *The Carver Effect*, sobre los eventos sobrenaturales que había experimentado durante su tiempo en Summerwind.

Y así, la casa volvió a quedar vacía, hasta que fue comprada en 1986. Tres inversores esperaban cambiar la suerte de la mansión.

. . .

Desafortunadamente, durante una tormenta en 1988, la casa fue alcanzada por un rayo y se quemó hasta los cimientos, dejando solo las chimeneas de piedra y los cimientos en pie, que permanecen hasta el día de hoy.

Desde entonces, la leyenda de la mansión Summerwind ha crecido, atrayendo tanto a los lugareños como a los buscadores de emociones paranormales a explorar las tierras embrujadas y los restos de la casa. Según los que han caminado entre las ruinas, la casa puede haber desaparecido, pero los fantasmas están tan inquietos como siempre.

21

Mansión Gardette-LePrete

Si alguna vez estás en Nueva Orleans, es fácil detectar Gardette-LePrete. Como uno de los edificios más fotografiados del Barrio Francés, la mansión es un ejemplo magistral de la arquitectura clásica criolla. Posee la grandeza de una villa, pero se las arregla para encajar perfectamente en el paisaje urbano circundante de las casas adosadas locales.

Los cimientos de este edificio de varios pisos son lo suficientemente hermosos, pero los balcones fluidos que rodean a Gardette-LePrete son otro nivel de artesanía.

Una elegante nube de trabajos en hierro forjado cubre los dos pisos superiores, evocando la sensación de seguridad musculosa y delicada elegancia a la vez.

La famosa propiedad está ubicada en 716 Dauphine Street; una manzana tranquila que está a unos pasos de algunos de los bares más bulliciosos de Bourbon Street.

Sin embargo, si hubieras pasado por la mansión Gardette-LePrete en 1836, tus sentidos no habrían sido estimulados por la vista o el oído, sino por el olor amargo de la sangre.

Esto dice la historia: un hombre que pasaba por la mansión, que en ese entonces era propiedad del plantador Jean Baptiste LePrete, fue golpeado por el olor a hierro de sangre. Miró hacia abajo y vio un goteo carmesí desde la puerta. Cuando se abrió paso hacia adentro, descubrió una visión de puro horror.

Esparcidos por el patio había docenas de cuerpos destrozados: hombres, mujeres, niños pequeños.

Las víctimas estaban tan espantosamente mutiladas que no solo era imposible saber quién era el dueño de qué parte del cuerpo, sino que cada una de las partes de los cuerpos se perdía en un mar rojo.

. . .

Mientras el desafortunado transeúnte se movía por Gardette-LePrete, descubrió escenas adicionales de sangre. La sangre manchaba las paredes y resbalaba de los pisos de la casa como una aplicación pegajosa de cera.

Cada habitación de la mansión estaba llena de carne desgarrada, salpicaduras de cuerpos rojos y disecados. En el centro de todo estaba el patio. Y allí, entre las vísceras, una mano sobresalía del suelo: un hombre había sido enterrado vivo y murió abriéndose camino para salir del suelo húmedo de Nueva Orleans.

Se decía que el hombre en el centro del patio era hermano de un sultán otomano. Era una especie de príncipe menor que había huido a las Américas, y en momentos anteriores al horrible asesinato había alquilado la mansión de LePrete. A los pocos días de mudarse, dio paso a un séquito que haría sonrojar al organizador de fiestas más salvaje de Bourbon Street. En resumen: hermosas bailarinas, eunucos musculosos y jóvenes se instalaron en la mansión.

Las cortinas pesadas bloqueaban las ventanas y la música salía de la casa día y noche. Los rumores se arremolinaban sobre fiestas salvajes, orgías y cosas peores.

. . .

Los vecinos se quejaban constantemente del ruido y cuestionaban la presencia de tantas personas en una vivienda.

Se dice que algunos habitantes de Nueva Orleans, presuntos piratas o delincuentes callejeros, estaban detrás de la ola de asesinatos en Gardette-LePrete. Otra teoría popular sostenía que el perpetrador había venido a instancias del hermano real de la víctima. Comprometido con la pérdida de gran parte de su harén, el sultán formó un equipo de recompensas que buscó a su hermano descarriado, el hombre que eventualmente sería encontrado enterrado vivo en el patio de la mansión.

¿Estamos seguros de que en realidad sucedió algo de lo anterior? Quizás. Pero ningún documento histórico menciona a la realeza otomana que se mudó al Barrio Francés. Ningún registro turco menciona que un sultán se mudó a América.

No hay registros de principios del siglo XIX de quejas por ruido o preocupaciones sobre orgías fuera de control en el número 716 de la calle Dauphine. Las descripciones del "turco" parecen más una caricatura orientalista de la época: el harén, los eunucos, la pedofilia homosexual implícita.

. . .

Quizás lo más revelador es que no hay ninguna fuente que mencione los presuntos asesinatos, que habrían sido uno de los asesinatos en masa más espantosos de la historia de Estados Unidos.

Más bien, la historia de Gardette-LePrete y su harén de sangre parece una ficción irresistible de la ciudad de Nueva Orleans que alcanza todos los puntos altos de *New Orleans Noir*: una hermosa mansión antigua, aristocracia, sexo, drogas y asesinato.

Ah, y fantasmas, por supuesto. Los residentes actuales informan crujidos y chirridos inexplicables en toda la mansión, que han llegado a aterrar a cualquiera que haya vivido esa experiencia. Gardette-LePrete, y la leyenda que la acompaña, es un elemento fijo de las giras de fantasmas de Nueva Orleans.

Conclusión

Aunque ciertamente aún nos faltan muchas historias de casas, castillos y mansiones embrujadas por conocer, estas fueron algunas de las historias más inquietantes, extrañas y misteriosas que he recopilado para ti.

Seguramente aún te preguntas cuáles fueron los motivos de la familia Liu para abandonar su hogar, si Lizzie Borden es la verdadera asesina o qué sucedió en realidad esa triste noche, si el Sr. Tiedeman encontró descanso finalmente o si Chloe en realidad existió.

¡Seguramente también tienes una gran inquietud por visitar alguno de estos lugares misteriosos y embrujados!

. . .

Suspiros, gritos, risas, llanto y diversas apariciones son seguros de encontrar en cada una de las casas mencionadas aquí. A pesar de que ahora sabemos las fatídicas historias de cada uno de ellos y los extraños sucesos que tuvieron que soportar, es imposible no preguntarnos ¿por qué siguen aquí? ¿Qué quieren ahora?

Ya sea que estén resguardando un lugar que amaron, o tengan asuntos pendientes aún, es imposible no sentirte atraído/a por las curiosas historias que cada hogar resguarda. Tal vez algún día cada uno de los involucrados encuentre la paz que no obtuvo en vida, y puedan descansar por fin sin ataduras al lugar de su muerte.

www.ingramcontent.com/pod-product-compliance
Lightning Source LLC
LaVergne TN
LVHW021717060526
838200LV00050B/2718